ざっくりわかる

沖縄移住と仕事と起業

ルー大谷 著

セルバ出版

はじめに

本書をお手に取っていただき、ありがとうございます。

こちらに手を伸ばしていただいたということは、沖縄への移住に関心があるけれども、実行に移すにはまだ何か心配事があるのではないでしょうか？

長年に渡って地方移住を支援している認定ＮＰＯ法人ふるさと回帰支援センターの「２０２２年移住希望地ランキング」によると、20位以内に沖縄県はランクインしていません。２０１７年まで遡ってみても、残念ながら20位以内に沖縄県の文字はありません。

「沖縄移住」は一度は夢に見るものの、海を越えて日本の最南端に移り住むというのは現実的ではない、というのが移住希望者の正直なところなのでしょう。

しかし、本当にそうなのでしょうか？

２０１９年末からの新型コロナウイルス感染症の流行により、世の中ではよくも悪くも新しい形の生活を強いられるようになりました。その中で便利になったことの1つが「リモートワーク」が普及したことです。

コロナ禍が長引き、リモートワークの普及と慣れに比例するように、都市部からはそれぞれのライフスタイルに合わせて住みやすい場所へと移住する人々も増えていきました。

かくいう私も、２０２０年に初子を授かったこともあり、仕事よりも家族との時間を重視したライフスタイルに変えるため、神奈川県横浜市から沖縄へ移住して今年で沖縄生活も4年目を迎えます。

これまで何度も旅行で訪れていた沖縄でしたが、見どころはたくさんあり、短い旅行では回れないようなローカルな場所や、子どもがいるからこそ行ってみようと思うようになった場所、住んでいるからこそ参加できるようになった陶器市、大綱挽まつり、沖縄ハーリー（豊漁と海上安全を祈願して沖縄の伝統的な漁船で行う競漕）といったイベントなど、数年経った今でも次はどこに遊びに行こうか、何を食べに行こうか、とワクワクしながら過ごしています。

旧盆の時期には各地で道ジュネー（エイサー）を見たり、米軍基地で開催されるフェスティバルに行って非日常を感じたり、晴れたら気軽に近くのビーチに行って娘とのんびり海遊びをしながらお弁当を食べたり、離島めぐりをしたりと、住んでいるからこその時間の過ごし方ができるようになりました。

また、昨年は様々なご縁があり、沖縄で飲食店やこども食堂を始めることにもなりました。

今後は沖縄に家族で根差していくであろうことから、この島を第二の故郷と想い、日々いろいろなことに目を向け、人に耳を傾け、「沖縄」を楽しく学びながら生きています。

思い返せば沖縄に移住してからのこの数年間は沖縄のことばかり考えていた気がします。

多くの人の「沖縄」のイメージの大部分は「青い空と青い海、照りつける陽射しに白い砂浜、優しくおおらかな人々の住む南国の楽園」といったところだと思います。

私自身も、移住する前には毎年4回ほど沖縄に訪れていたものの、実際には同じようなざっくりとしたイメージしか持っていませんでしたし、仕事の現実から逃れて素晴らしい環境で非日常を味わいリラックスするために旅行をしていたので、歴史的な場所をめぐっていても悲しい歴史などを深く知りはせず「琉球文化」は本土とは違うな、異国に来ているようだな、くらいの感覚しかありませんでした。

そこで本書では、移住してくる前の「沖縄」への知識の乏しかった自分自身に向けて、移住後の私からたくさんの思いを詰めた知識を共有するように書きました。

また、私が「移住先になぜ沖縄を選んだのか?」という理由から、「移住してみたいけれども不安がある」、「移住後の仕事は? 生活は?」、「沖縄独自の文化や問題」、「沖縄がたどった歴史」といったよく耳にする事柄について、私がこの数年で知り、考え、感じたことを「ざっくりした数字を使いながら」まとめていきます。

移住を決めてから、沖縄への理解を深めようと自分なりに沖縄に関する様々な文献を読んでみたり、歴史資料館などに通ってみたり、沖縄が抱える問題の講義を受けてみたり、実際に地元の方にお話を聞いてみたりしましたが、いかに真摯に学びたいと思い、その世界に入り込んでみても、すべてを理解することはできないですし、沖縄で生まれ育った人(うちなーんちゅ)の心の動きがわかるわけではありません。

そもそも、横浜出身の自分はうちなーんちゅにはなれないのかもしれませんが、私にとって第二の故郷となった沖縄をよく理解する移住仲間が増えることは大変嬉しいことなので、本書が「今まで一歩が踏み出せなかった」人から「そもそも移住先をどこにしようか考えている」といった人の、沖縄に移住するきっかけとなれば幸いです。

2024年3月

ルー大谷

※本書の数字はコロナ禍の影響を除くため項目により2019年以前のデータを使います。

ざっくりわかる沖縄移住と仕事と起業　目次

第3章　沖縄の歴史

第4章　沖縄移住計画

第1章　沖縄の魅力

1　沖縄の魅力

リピート率86％

本書を手に取られている時点で沖縄が好きで、何度も来られた方も多いかと思いますが、改めて沖縄の魅力について知っていただきたく、私が感じている魅力をまとめてみます。

２０１９年のデータでは、沖縄を訪れる県外観光客の７２０万人の内86％（６２０万人）がリピーターでした。調査を始めた１９８０年頃はわずか20％程度でしたが、２０００年頃に50％を超えて、２０１２年以降は常に80％を超えている状況です（※１）。

沖縄は夏場のマリンレジャーだけでなく、冬場のスポーツ大会も開かれ、避寒地、避粉地としての需要もあり、旅行者が10人いれば10通りの旅行目的が返ってくる、そういう場所です。

おきりぞ（沖縄リゾート）

私は社会人になってしばらく経った25歳から外国旅行を始めたのですが、異文化に興味を持つようになりプライベート・仕事を合わせると今までに訪れた国は約30か国、渡航回数でいうと１００回あまりは外国を旅してきました。もちろん短い日数での旅行もしますが、基本的には10日〜２週間程度の旅をすることが多く、長いものでは１〜２か月、英語を学びたいと語学留学をした際には

10か月間カナダで生活していたこともあります。

異文化に触れたくて旅行をするのですが、３週間を超えて滞在する場合、国を変えたとしても非日常が日常へと変わり、何をするにしても感動が薄れてしまうため、基本的には10日〜２週間程度と決めて旅行をするようにしています。

旅の形も様々でバックパックでお米やパスタを担いで自炊しながら貧乏旅行をすることもあれば、リゾート地に長期宿泊することもあり、いろいろな旅の形を楽しんできました。

アメリカ、台湾、トルコ、モロッコでは公共機関や車で１周しましたし、コロナ禍直前の２０１９年にはバンクーバー（カナダ）↓シアトル（アメリカ）↓サンフランシスコ↓ティワナ（メキシコ）まで、ほぼ車で縦断することもしました。

私の妻も異文化や語学が好きで、フランスやカナダ、イギリスへと留学した経験があり、私と一緒にではありませんが、30か国ほどは旅行したことがあるようです。

前置きが長くなりましたが、何が言いたいかというと、そんなそこそこの外国経験もあり、日常生活レベルではなんとか英語を話すこともできる私たちが「終の住処」として選んだのは、外国ではなく、この地、沖縄だった、ということです。

沖縄を選んだ理由は多くありますが、まず１つ言えることは「沖縄は日本語が通じる日本が誇れるリゾート」だからだといえるでしょう。

「リゾート」のそもそもの語源は、英語の「Ｒｅ＝繰り返し」とフランス語の「Ｓｏｒｔｉｒ＝

出かける」がつながったもので、余暇や休日を過ごすために「何度も通う場所」という意味が含まれています。

つまり、単発で終わるような「観光地」とはまた違い、「滞在」を目的とする場所という意味合いがあるのです。

最近では沖縄リゾートに世界中のセレブがお忍びで遊びにきているという話もあります。沖縄は日本だけでなく、世界に誇れるリゾート地なのです。

私が住むのは沖縄本島の中部にある沖縄市（旧コザ市）という街ですが、ほどほどの市街地と大型ショッピングセンター（イオンモールライカム）が近くにあり、車で10～20分ほどの海中道路を通れば、離島のきれいなビーチに行くことができます。

平日の混まない日を狙ってショッピングモールを散策してみたり、海が見える場所に行って本を読んだり三線を弾いたり、週末には娘をつれて友人家族と海遊びやバーベキュー、アイランドホッピング（離島めぐり）などもしたりしています。

大型ショッピングモール

外国旅行をする人では外国の大型ショッピングモールに行かれたことがあると思いますが、リゾート地沖縄には海外のようなショッピングモールがいくつかあります。

●ショッピングモール

「イーアス沖縄豊崎」　126店舗
「イオンモールライカム」　230店舗
「サンエー浦添西海岸パルコシティ」　250店舗
●アウトレットモール
「あしびなー」　107店舗
●DFS（免税店）モール
「Tギャラリア」　80店舗
●その他ショッピング施設
「美浜アメリカンビレッジ」　約190店舗
「ウミカジテラス」　47店舗
「コストコ」（2024年8月開業予定）

すべては挙げられないので、沖縄本島の有名なところだけピックアップしてみましたが、どこの施設も「リゾート」をモチーフにしたつくりをしており、散策しているだけで楽しい気分にさせてくれます。

特に美浜アメリカンビレッジは建物自体が外国のようで、隣にはエメラルドグリーンのきれいな海が見え、海外の雰囲気を味わえます。夜にはライトアップされて昼間とはまた違った景色を見せてくれます。

ウミカジテラスもまるで地中海をイメージしたような白い建物の集合体で、飲食店や雑貨屋などおしゃれなお店がたくさん入っています。こちらもぶらりと歩くと日本にいながら外国にいるような気分を味わえます。

また、日々の生活の面から見ると、イオンモールライカムはとても便利な施設です。スーパーはもちろん、大型の魚や熱帯魚のいる巨大な水槽があったり、ゆっくりと食事を楽しめる広いフードコートがあったり、衣食住はなんでも揃う様々な店舗が入っていたりと、老若男女問わず楽しめます。

移住したばかりの頃はコロナ禍の緊急事態宣言中だったため、営業自粛している店舗も多く、歩いている人も少なく閑散としていましたが、歩き始めたばかりの子どものお散歩にちょうどよい場所でした。

コロナが落ち着いた今となっては週末には4000台もある無料駐車場が満車となり、入る場所を見つけるのに苦労するくらいの人が集まりにぎわっています。

那覇空港より少し南にあるイーアス沖縄豊崎はスーパー、買い物が何でもできるショッピングセンターですが、それだけでなくDMM水族館が併設していたり、外に出れば豊崎美らSUNビーチがあり、空港に離発着する飛行機をすぐ目の前で見られたりとても魅力的な施設です。すぐ近くにアウトレットモールのあしびなーや道の駅豊崎もあるので、周辺で丸一日過ごせます。

また、国内旅行であっても免税ショッピングが楽しめる国内唯一のストアがDFS（免税店）モール「Tギャラリア」です。沖縄県外に出るときにしか購入できないのが残念ではありますが、県外旅行をするときにちょっとしたアクセサリーを買ったり、化粧品やバッグ等を免税価格で買ったりすることができます。

沖縄には大都市のように海外のブランド品が集まったいわゆる百貨店はあまりありませんが、ＤＦＳを散歩するだけでも目を楽しませることはできます。

２０２３年12月にはＤＦＳに沖縄初のチームラボができ、新たなエンターテイメントとして人気です。実際に私も行ってみましたが、以前東京で訪れたチームラボよりは規模は小さいものの内容はずっと進化していてとても楽しめました。

また、２０２４年８月には南部にコストコがオープンする予定です。ショッピングができる場所はどんどん増えていて、行く場所に困ることはありません。

リゾートホテルでランチビュッフェ

沖縄本島の各地にはリゾートホテルが多数点在しています。

各ホテルでランチ・ディナーのビュッフェやその他にも単品で飲食をすることができるレストランがあるのですが、宿泊客以外でも利用できるものが多いので、子どもが３歳と小さい私たち家族はランチビュッフェをよく利用します。

１人あたり１３００円から食べられる場所も多くあり、だいたいのホテルがリーズナブルな価格でビュッフェを提供しているので、それこそ毎週末にでも出かけて食事を楽しむこともできます。

たとえば、カニ食べ放題のランチビュッフェは２７００円、カニ食べ放題のディナービュッフェでお酒飲み放題と三線ライブも見られるプランでも４４００円など、安価にいろいろな楽しみ方ができるメニューもあったりします。

有名リゾートホテルになると少しお値段は高めにはなりますが、インターネットなどでクーポンを探すと有名なブセナテラスのレストラン「ラ・ティーダ」でも４０００円しないくらいで利用できます。目の前に広がるきれいな青い海を見ながらテラス席で食べるランチは贅沢であり格別です。

東京のホテルビュッフェではランチで４０００円～５０００円くらいしますが、沖縄ではどこのレストランでも気軽な値段でおいしいご飯を食べ、非日常の雰囲気を味わうことができます。

「次はどこに行こうね」と話しながら行きたいリストをつくっても、回り切れないほどの数があるので、考える時間も楽しみながら、いろいろとめぐってみてはいかがでしょうか。

沖縄県民向けの「ちゅらとく」という割引サービスのサイトもあるので、移住したら登録することをおすすめします。

2　沖縄での遊び方

海・川・プール

沖縄といえば、やはり暖かさが最大の魅力の１つです。

加えて、日本本土が戦後の復興対策で植林をしていた時期に沖縄はアメリカの統治下にあったためにスギの植林をすることがなく、スギとヒノキはありません。そのため、本土にいるときのように花粉症に煩わされることなく、どの季節も気兼ねなく外に遊びに行くことができる点も大きな魅力です。

海の遊泳期間も４月頃から10月末までと長いので、夏は海やプール、北部の河川や滝などで水遊びができます。また、青い空、きれいな海を見ながらのドライブも最高です。

私はまだ娘が小さいため、以前のようにダイビングやシュノーケルを自由にはできなくなりましたが、それでもビーチに行くときはほぼ欠かさずシュノーケルとフィンを持って行き、妻と交代しながら海を泳いでいます。

沖縄本島だけでも１００以上あるビーチすべてを回ったわけではありませんが、いろいろな人から聞いたり情報を集めて、実際にビーチめぐりをした中では、次の場所がおすすめです。

●大泊ビーチ：海中道路の一番奥にある伊計島のビーチ

海中道路で本島につながってはいますが、一番端の伊計島にあるビーチなので、海の透明度が高いです。遊泳区域内に熱帯魚が多く、餌づけされているため、海に入るとすぐにたくさんの魚が近寄ってきます。

ハブクラゲなどの心配をせずに泳げますし、ライフガードがいるので安心して遊ぶことができます。シャワーやトイレはもちろん、レンタルですがテントなどの設備もあるので、１日中過ごすこともできます。

ちなみに、大泊ビーチは有料ですが、海中道路を渡ってすぐ右側にある浜比嘉島のビーチのように無料の場所も多くあります。

こちらは海藻も珊瑚もなく魚は少ないですが、代わりに海水はクリアで砂もきれいなので海水浴や砂遊びが楽しめます。また、夕陽がきれいに見られる場所なのでキャンプなどにもおすすめです。

●海中道路

この辺りはもともと広大な干潟になっていて、干潮時には陸地があらわれて渡れるため、地元の人は昔は干潮になると5㎞の道のりを歩いて渡っていました。地元の人たちで干潮時に地道に道路をつくり始めたものの台風により無残に流されてしまったという歴史があり、その後1971年にアメリカの石油会社の出資により本島と平安座島を結ぶ橋ができ、改修を重ねて現在の海中道路となりました。

遠浅になっているので子どもでも安心して遊ばせることができますし、有名な潮干狩りスポットにもなっています。潮干狩りというとゴールデンウィークの頃にアサリを採るイメージですが、沖縄では1年中潮干狩りができます。海中道路ではもずくやその他海藻、クモ貝やマガキ貝、エビやカニなども採れるので人気です。

また、海中道路の中央あたりにある「海の駅あやはし館」の近くにはマリンスポーツを楽しめる店舗があり、ウィンドサーフィンやウェイクボード、バナナボートやジェットスキー、フライボードなどができます。

●瀬底島

本島側のゴリラチョップがシュノーケルやダイビングには有名ですが、橋を渡ってすぐのアンチ浜にもたくさん珊瑚があり、きれいな熱帯魚が泳いでいるので、何時間でもシュノーケルをして過ごせます。

また、瀬底大橋の下を伊江島へ向かうフェリーなどが通るため、そのタイミングで押し寄せてくる大きな波に揺られて遊ぶのも楽しいです。

●ジョン万ビーチ（大度海岸）

沖縄南部、糸満市にあるシュノーケルができるビーチで、ジョン万次郎がアメリカから帰国する際に上陸したことから「ジョン万ビーチ」とも呼ばれています。

干潮時には潮だまりが多くでき、潮だまりに取り残されてしまった色とりどりの熱帯魚を観察したり、魚採りをしたり、少し沖のほうへ行ってシュノーケルをしたりと、いろいろな楽しみ方ができます。しかも、運がよければウミガメを見ることもできるようです。

もちろんシュノーケルツアーやダイビングツアーに参加して、本格的な海を満喫することもできます。

●慶良間諸島・伊江島・津堅島など

言わずと知れた、ケラマブルーで有名な慶良間諸島も、沖縄に住んでいるととても行きやすい離島です。日本本土から旅行で訪れる場合には日程が限られるため、船が予定通り出るか、離島旅行を楽しめるかなどは天候に左右されがちですが、沖縄本島に住んでいれば天気予報を見ながら、気が向いたときに離島を訪れることができます。

真夏の時期は混んでいて予約が少し取りにくくても、少し日程をずらせば比較的いつでも予約はとれます。また、冬の時期に訪れると、移動のフェリーからクジラを見られることもあります。

私も実際に阿嘉島を訪れた際、近くを移動中のクジラのジャンプを見ることができました。ホエールウオッチングに参加せずとも迫力のあるクジラを見ることができて感動しました。

また、慶良間諸島の他にも沖縄本島からほど近い伊江島や与論島、津堅島、久高島などマリンアクティビティをできる場所は無数にあります。

ただ、どの海でも言えることですが、ビーチに行くならば事前に干潮時間をチェックすることをおすすめします。私も移住したばかりの頃、何も考えずにふらりと海水浴に行った際に、干潮時でほぼ泳げないということが何度かありました。逆に潮だまりで海の生き物を捕まえるような遊びをしたいときに満潮だと、何も見られなかったりします。

プールもおすすめ

公営のプールやリゾートホテル内のプールなどもおすすめです。

「せっかく沖縄にいるのにプールに行くの？」と思われるかもしれませんが、プールだと干潮満潮などの時間を気にする必要はありませんし、屋内プールなら雨などの天候を気にせずいつでも遊びに行けるので便利です。シャワー・トイレなどの心配も無用ですし、流れるプールやスライダーがある施設もあるので、今日はプールの日、今日は海の日、と楽しむようにしています。

公営プールですと北谷公園水泳プールや、糸満西崎レクリエーションプールが子ども用の遊具やスライダーがあるので、大人も子どもも楽しめます。また、ホテルによっては、宿泊客ではなくてもプールを利用することができます。

ユインチホテル南城のプールは大きなスライダーに流れるプールもあり、宿泊客以外も利用できます。リザンシーパークホテルも駐車場代だけでホテルのプールや目の前のビーチで遊ぶことができます。その駐車場代も館内で１０００円以上利用すると2時間まで無料となるため、ランチや飲み物を買うだけで、プールや海に入ってシャワー等の施設を利用できることになります。

船舶免許を取ってクルーズ旅

沖縄の特別感を味わうには、船舶免許を取ることをおすすめします。

船舶免許にもいろいろと種類がありますが、沖縄でクルーズを楽しむなら2級小型船舶操縦士の免許で十分です。2級では20トン未満のボートやヨットで陸岸より5海里（約９㎞）までの海域を自由に航行できるため、沖縄本島から5海里、相手側の岸から5海里と合計約18㎞以内のところになら行くことができます。そうすると沖縄本島から津堅島のトマイ浜や、慶良間諸島くらいまでは範囲内になります。

1級船舶を取ると100海里まで行けますが、そこまで遠くまで行かなくても十分に楽しめます。

船舶免許はいろいろなマリーナで取ることができますが、2023年時点では沖縄市泡瀬の沖縄マリーナが受講料・試験料・申請料等をあわせても66600円と最安値でした。

また、船舶免許を取得後、ヤマハマリンクラブ・シースタイルの会員になると、日本全国約140か所のマリーナで割安にボートを借りることができます。年会費はかかりますが、年に2回以上クルーズをする時間が取れるならば元はとれますし、沖縄のきれいな海を堪能するのに最適です。

私も沖縄移住後に船舶免許を取ってからは、沖縄の友人や日本本土から遊びに来た友人と一緒にクルーズ旅行に行くようにしています。

トイレ付きの大人10人くらい乗れるボートで無人島に行き、きれいな砂浜を散策したり、透明度の高い海で泳いだり、オプションのトーイングやウェイクボードで遊んだり、近くのシュノーケルスポットで小さい娘を船からつないだ浮き輪に浮かせながらシュノーケルをしたりと、特別な時間を過ごしています。

シーズンや休日・平日などにもよりますが、ボートレンタル代にガソリン代が加わって5万円台なので、複数家族で遊べば1家族あたりはリーズナブルですし、団体旅行とは異なるプライベートで自由のきく素晴らしい体験ができます。

また、海で泳げる時期は限られてしまいますが、釣り好きの人であれば年中船釣りが楽しめます。自分でボートを借りてきれいな海を航海し、大好きな魚釣りをしながら過ごす1日はまた格別なものでしょう。

水遊び以外も充実

夏が終わると屋外でも過ごしやすい日が増えるので、テーマパークや動物園などに行くのもおすすめです。

テーマパークや観光名所は、沖縄各地に点在しています。ガイドブックにも載っている有名な美ら海水族館、ＤＭＭ水族館、パイナップルパーク、東南植物園、沖縄ワールド、ガンガラーの谷、斎場御嶽、大石林山などの他にも沖縄こどもの国、フォレストアドベンチャーin読谷、ＤＩＮＯ恐竜ＰＡＲＫ、２０２５年に開業予定の北部のジャングリアなど、遊びに行くところは無数にあります。

美ら海水族館は、実は館内の水族館だけが有料で、イルカショーやウミガメ館、マナティー館は無料です。近くにエメラルドビーチもあるので、水族館に何度も入らなくてもイルカショーとビーチ遊びだけでも十分に楽しく過ごせます。

また、旅行で沖縄を訪れているときには時間も限られていて、美ら海水族館にしか行ったことがなかったのですが、同じ海洋博公園内にある海洋文化館・プラネタリウムや熱帯ドリームセンター、おきなわ郷土村なども見ごたえがあります。

キャンプに釣りも気軽に楽しめる

有料施設ではなくても、公園やビーチで気軽にデイキャンプをすることもできます。

沖縄の地元の人は、「海は泳ぐところではなく、ビーチパーティ（バーベキュー）をするところ」と言いますが、昼間や夕方からバーベキューをして、海に沈む夕陽を眺めたり、逆に海から上がってくる月を眺めたり、暗くなったらきれいな星空を見る、という過ごし方ができるのは贅沢なことです。

近年ソロキャンプが流行っているので、沖縄でも家族連れや友達との団体だけでなく、1人でキャンプをしている人も多くいます。私も時々キャンプに行きますが、よくソロキャンプ中の人に話しかけてはキャンプ仲間の友人を増やしています。

ちなみに、沖縄では夏場は暑すぎるためキャンプは10月～5月くらいが向いています。

気温が涼しくなり海に入れなくなってくると、そろそろキャンプの季節が始まるな、と感じます。

そして釣り好きにも沖縄は最高の場所です。ドライブをしていると、どこの海辺でも子どもから大人まで釣りをしている人を見かけます。

私には釣りの趣味はなかったのですが、せっかく沖縄に住んでいるのだから釣りも試してみようとキャンプをしながら友人と釣りをしたことがあります。そのときは運よく魚を釣ることができたので、その場で捌いてキャンプファイヤーを見ながら夜の酒のつまみにして、夜更けまで友人と語り合いました。

　夜中にテントの前の海に釣り糸を垂らしておいて、リンリンと音が鳴ったら様子を見に行く、というのもよい経験です。仮に釣れていなかったとしても、翌朝どんな状態かをわくわくしながら見に行くだけでも楽しい気分になります。

　もちろん釣りが好きな人はいろいろな場所で船釣りも楽しめます。先ほども述べましたが、船舶免許を取れば、自分でボートをレンタルして友人や家族と船釣りに行くという素晴らしい経験もできます。

季節ごとの楽しみ

　時期は決まってしまいますが、寒緋桜、ゴールデンシャワー、水辺の湿地帯で一夜しか咲かないサガリバナなどの花見を楽しんだり、いちご狩り、ポンカン狩り、シークワーサー狩りなどのアクティビティをすることもできます。

　また、4月から11月まで蛍が見られて、那覇市の末吉公園やうるま市のビオスの丘は蛍の鑑賞スポットでツアーなどもやっています。種類にもよりますが、よく見られる最盛期は5月～6月頃とのことなので、ホタル観賞に出かけてみるのも一興です。

ただし、沖縄は街灯が少ない場所も多く夜は暗いですし、ハブなど危険な生物もいるので、長袖長ズボンを着用するなどして、事故やケガのないように注意してください。

充実した公園

そして、子連れのファミリー向けには公園の多さも魅力です。

ドライブをしているといたるところに大きな遊具のある公園を見かけますが、沖縄県各所で私がよく利用するのは次のところです。

●沖縄県総合運動公園（沖縄市）

小さい子どもから小学生まで思い切り遊べる大型遊具が複数あります。

キャンプ場も隣接しているので、家族でキャンプをしながら子どもたちを遊具で遊ばせたり、池でボートに乗ったり、自転車を借りて練習をするなど、いろいろなアクティビティができます。

土日は多くの家族連れがテントを持ってやってきますが、平日だと空いていて自由に遊べます。

キャンプ場では釜でピザを焼いたり石焼き芋をつくったり、薪割りなどのイベントも多く、子連れでなくても十分楽しめます。

●アラハ公園（北谷町）

北谷にあるアラハ公園は大きな海賊船型の遊具があり、目の前がアラハビーチになっています。

夏の時期だと子どもたちが海に飛び込んでは走って戻ってきて滑り台をする、など海と公園と両方楽しめて便利です。

海辺でのんびり寝そべって日光浴をしている人、テントを持ってピクニックをしている人、隣にあるバスケットコートでバスケットボールをしている人なども多いですし、公園周辺にはおしゃれな飲食店も多く、観光客・地元客でいつもにぎわっています。

●ぎ～のくんランドと道の駅ぎのざ（宜野座村）

宜野座村のマスコットキャラクター、ぎ～のくんの形をした大型遊具があり、大きな滑り台もある公園です。水遊び場もあり、夏場は子どもたちが水着で遊んだりしています。

隣接している道の駅ぎのざには地元の野菜や、時期によっては地元の苺も売っていて、訪れる度にいろいろと購入してしまいます。

●北名城ビーチ（糸満市）

こちらは公園ではないのですが、ビーチのすぐそばまで車で乗り入れることができ、無料でキャンプができるおすすめの場所です。

車をビーチそばに停めてその隣にテントを張ることができるので、荷物が多くても快適にキャンプ、海遊び、釣りなどができます。

ゴルフ好きにも人気の沖縄

冬はゴルフ好きに人気の季節でもあります。夏は暑すぎるのでゴルフをするのも大変ですが、冬は寒くないので快適にプレーすることができます。

そのため、沖縄では11月~3月がゴルフのハイシーズンとなり、冬場のほうがゴルフ料金は高く設定されていることもあります。

ちなみに、日本本土ではゴルフは前半9ホールを回ったら、お昼休憩をはさんで午後に後半9ホールを行うことが一般的かと思いますが、沖縄は全18ホールをカートでスループレイすることも多いです。

また、日も長いので、スループレイで午前と午後に2ラウンドすることもあります。

沖縄県には20か所以上のゴルフコースがありますが、その中で少し変わっているのが米軍基地内でプレーができる知花ゴルフコースです。こちらはショートコース9ホールのゴルフ場のため1時間半くらいで回れますが、18ホールやりたい場合は同じコースを2周することができます。

予約制ではなく受付順で、1人ラウンドもできます。服装などの規定も厳しくなく、あまり肌を露出した服装やサンダル履きでなければプレーができるので、当日ふらりと訪れて気軽にゴルフができる場所です。

隣接するレストランも人気で、ホットドックやハンバーガー、ピザなどアメリカの雰囲気を味わうことができます。

有名プロゴルファーを輩出している沖縄ではゴルフ場もたくさんありますので、きれいな海を見ながらゴルフのできる場所を探してみるのも楽しいかもしれません。

3　沖縄の街歩き

道の駅・市場めぐり

沖縄本島には道の駅が10か所ありますが、「道の駅」以外にも地元の特産物やお土産品を扱う「おんなの駅」や「南の駅やえせ」、「うるマルシェ」、「ハッピーモア市場」、「ファーマーズマーケット」、「第一牧志公設市場」など土地ごとにユニークな市場があります。

地元の野菜などは旬の時期にはとてもリーズナブルで美味しいですし、日本本土ではあまり見かけない魚介や果物、野菜や地元のお菓子などは見ているだけでも興味深いものです。ドライブがてらいろいろな道の駅・市場めぐりをしてみてはどうでしょうか。

昼のカフェめぐり

沖縄は米軍基地が多いことから、「外人住宅」と呼ばれる建物があちこちにあります。そんな外人住宅を改装しておしゃれなカフェやレストラン、雑貨屋などになっているところも多く、街めぐり・カフェめぐりもできます。

また、外人住宅とは対照的ですが、沖縄の古民家を改装したカフェもたくさんあり、こちらで沖縄ぜんざいを食べたり、沖縄そばを食べたりしてのんびりするのもよい時間です。

「沖縄そば」とひとくくりに言いますが、カツオだし、豚骨ベースなど味つけがお店によって異なるので、自分好みのお店を見つけるのも楽しいでしょう。

きれいな海を見られるカフェもたくさんあるので、ショッピングや海遊び、ドライブなどで疲れた際に休憩を取ると、身体も心も癒されます。沖縄のガイドブックには必ず掲載されている星野リゾートの「バンタカフェ」に初めて訪れたときには、景色の素晴らしさ、居心地のよさに感動しました。

また、海中道路を渡った先の宮城島にある「ぬちまーす（塩）工場」のカフェでおいしい塩ソフトクリームを食べるのもおすすめです。こちらは工場の営業時間内にしか入れないのですが、ショップ・カフェがあるだけでなく、工場見学や施設内の散策をしたり、果報（かふう）バンタという崖からエメラルドグリーンの海を見たりすることができます。ミネラル豊富なぬちまーすや関連商品をぜひ試してみてください。

毎年新しいカフェもできているので、あちこちカフェめぐりをしながら、お気に入りの場所を探せることも沖縄の魅力です。

夜の街歩き

沖縄は夜も居酒屋や民謡酒場、バーなどどこも観光客や地元民でにぎわっています。

「1000円でべろべろに酔える」を略した「せんべろ」のようにローカル色の強い飲み屋さんもたくさんあり、そんなに高いお金を使わなくても楽しく酔うことができます。

那覇市の国際通り、浦添市の屋富祖、沖縄市のコザや中の町、うるま市の石川などは1人でも仲間とでも家族でも楽しく飲食できる場所がたくさんあります。

中には24時間営業の飲み屋もあり、どの時間帯に行ってもお客がいて、「もはやここに住んでいるのでは？」という常連客がいたりして驚きます。

また、米軍基地の近くでは週末になると米軍関係の人たちも飲みに出てくるので、さらに熱気や異国感が増し、街は朝までおもちゃ箱をひっくり返したようなにぎやかさです。単身で沖縄に移住するとしたら、お酒が嫌いでなければいろいろな飲み屋に顔を出してみるのもよいかもしれません。

私も1人でふらっと飲みに行ってはお店の人やお客と話しこみ、仲良くなることもたくさんあります。そして、もともと飲食店を経営したいという思いもあったことから、様々なご縁があって2023年春頃から沖縄市の中の町で飲食店を始めることになりました。

そんなこともあり更に沖縄の夜の街歩きをするようになったのですが、初対面でもお酒が入ると話しやすくなるものなので、新しい知り合いをつくるには夜の街歩きは最適です。

4　人が集まる沖縄

親戚・友人が集まる場所に

国内旅行先として人気でいろいろなアクティビティが楽しめる沖縄なので、引っ越してから友人や親戚がよく訪れてくれるようになりました。

沖縄に来るのは家族旅行としての一大イベントも兼ねられますし、沖縄に住んでいる自分たちがいることで観光も無駄なくできるので、よい意味でとても便利なのでしょう。

ＪＡＬやＡＮＡもマイルを利用すれば比較的リーズナブルに利用できますし、都市部からですとＬＣＣ（格安航空会社）もたくさん飛んでいるので、円安の今なら海外旅行よりも沖縄への国内旅行のほうがよいくらいかもしれません。

ＬＣＣの片道運賃は沖縄⇅東京なら７０００円代後半、沖縄⇅大阪でも８５００円くらいです。各航空会社のセール期間だと、さらに安いチケットを購入できることもあります。

東京から新幹線で関西方面や東北方面に行く際にも１万円くらいはかかるので、ＬＣＣを利用すれば沖縄へもそれほど変わらずに旅行ができます。

実はアメリカではリタイアするとフロリダへの移住が人気なのですが、その理由は気候が温暖で過ごしやすいことと、遠方でも子どもや孫などがフロリダならディズニーリゾートやユニバーサルスタジオへの観光を兼ねて遊びに来てくれるからだと言います。沖縄も似たような位置づけなのでしょう。

海外から沖縄へ

那覇空港へは海外からの直行便もあります。ピーチ航空の台湾線、ジェットスター・アジア航空のシンガポール線の他、中国、韓国やタイ、マレーシアからの直行便で来ることができます。

コロナ禍で一時運休していた国際線も２０２２年8月以降再開を始め、就航便も徐々に増えてきています。沖縄県と沖縄観光コンベンションビューローが２０２４年1月に都内で開催した「沖縄観光感謝の集い２０２４」によると、２０２３年の沖縄県への国内観光客数はコロナ禍前の２０１９年を０・２％上回りました。

外国人観光客は未だ66・３％減とのことですが、12月には回復率が50％近くになっており、今後も回復していくと見込まれますし、沖縄で生活していると実感として外国人観光客はとても増えています（※２）。

また、那覇港に就航する海外クルーズ船も増えてきているので、今後も空からも海からも沖縄を訪れる人はますます増えていくことでしょう。

5　沖縄で学ぶ

大学の一般公開講座

沖縄に限りませんが、大学では一般人向けの公開授業を受けることができます。かくいう私も琉球大学の公開授業を受けたりもしています。

「島唄」で有名なＴｈｅ Ｂｏｏｍの宮沢和史氏も沖縄県立芸術大学で非常勤講師として、一般公開授業を行ったことがあります。沖縄の抱える様々な問題や、日本との関わり方など、沖縄に住むなら知っておくとよい講義がたくさんありますので、琉球大学や沖縄国際大学、その他の大学などでご自身の興味のある分野の講座を受講していくのも面白いでしょう。

沖縄で好きなことを探す生活

自分が好きな地域だからといって「住みたい」と思うかどうかは別の話です。私にとって北海道は旅行で行くにはとても魅力的な場所で、毎年にでも行きたいと思いますが、寒さが苦手な私は雪国に住みたいとは思えません。沖縄が好きで移住するに至ったわけですが、旅行として訪れた際にとても素敵だと思った宮古島や竹富島に住みたいか、と聞かれるとやはり違います。

また、海外旅行は大好きですが、海外のリゾート地に住むとしたら快適さだけではなく不便さもあるでしょうから、日本に住んでいたいと感じるようになる気がします。

「好きな場所」「住みたい場所」を考えて突き詰めていくと、リゾート気分を味わいながらも、日常の生活をするのに沖縄本島は私にとっては非常にバランスのよい場所です。

移住をしたら、その場所でできる「好きなこと」を探してみましょう。

私の場合は、２０１８年、２０２０年と2冊の本の出版をしているので、沖縄に移住したら沖縄の本を書きたいと思っていました。もしみなさんも沖縄へ移住されたなら、本を書いてみるのはどうでしょうか？　沖縄には44の県産本の出版社があるので、持ち込んでみてもよいかもしれません。

「本を書くなんてたいそうなことはできない」と思うかもしれませんが、自分の興味のあること、仕事や詳しい事柄についてまとめていくと、1冊くらいの本が書きあがってしまうものです。

沖縄で気ままに執筆でもしていたらモノの見方も変わってくるので、生活に奥行きが出てくることと思います。歩きながらいろいろとアイデアが出てきたり、メモをとりながら歩くようになると、また新しい発見も出てきます。

当たり番号

私は起業をしてからすぐに移住について考えたこともありましたが、仕事の規模を大きくすることに熱中していたこともあり、すぐには行動に移せませんでした。

しかし、移住してみて思うことは、実際のところ使うお金はそれほど多くないので、もっと早くに移住しておけばよかった、ということです。

仕事・老後のことを考えて今の会社に勤務する生活を続けることももちろん大切ですが、自分の人生は一度きりなので、どこでどのような生活をしたいかを本気で考えることも大切です。見切り発車でもよいので、移住という大きな決断をすることは、もしかしたら、人生にとっての当たり番号なのかもしれません。

沖縄に移住してもうすぐ4年目となりますが、私は移住生活にとても満足しています。

沖縄での生活が日常になったものの、晴れた日のきれいな海を見ると未だに感動しますし、花粉に煩わされる季節がなく、寒い日が少ない暮らしは本当に快適です。年に数回はリゾートホテルに宿泊をしたりして、リゾート気分を味わったりもしています。

青い空にエメラルドグリーンの海、きれいな貝殻のある白い砂浜が続き、心地よい波の音が聞こえ、気持ちのよい風が吹く……。

そんな中でリラックスした気持ちでビールかカクテルを飲みながら、ゆっくり過ごす自分を想像してみてください。少し思い切って決断すれば、そんな生活が比較的身近に手に入れられるかもしれません。

ぜひ、新しい一歩を踏み出してみてください。

自分の人生を豊かなものにするために。

【参考文献・資料】

※1　安里昌利「未来経済都市沖縄」　2018年

※2　トラベルジャーナルオンライン　2024年

第2章

知っているようで意外と知らない沖縄のあれやこれ

1　沖縄の場所と気候

海の中心地に位置する沖縄

沖縄移住を考えるにあたり、まずは沖縄の特徴をざっとまとめてみます。

沖縄は日本本土からは海を隔てた最南端にあり、テレビの天気予報の日本地図などでは収まりきらずに別枠になっていることも多いので、「なんとなく遠いのかな」というイメージがあるかと思いますが、地理的に見ると沖縄本島の真ん中（中部エリア）から東京まで１５００km、北京まで１８００km、ソウルまで１２００km、マニラまで１５００km、台湾まで６００kmといったところにあります（図表1）。

「日本の一部」というよりは「日本とアジア諸国との中間に位置している」と思ったほうがイメージしやすいかもしれません。

とはいえ、飛行機での移動ですと、東京から沖縄までの所要時間は2時間35～45分程です。東京から大阪までが新幹線だと2時間30分程かかることと比べると、陸続きでない不便さはあるもののそこまで遠くないことがわかるかと思います。

また、沖縄は東西１０００km、南北４００kmに及ぶ広大な海域を含み、１６０の島々（有人島は37）が点在する、日本で唯一の島嶼県（島々で構成される県）になります。

【図表1　沖縄を取り巻く周辺の地図　出典：沖縄県公式ホームページ】

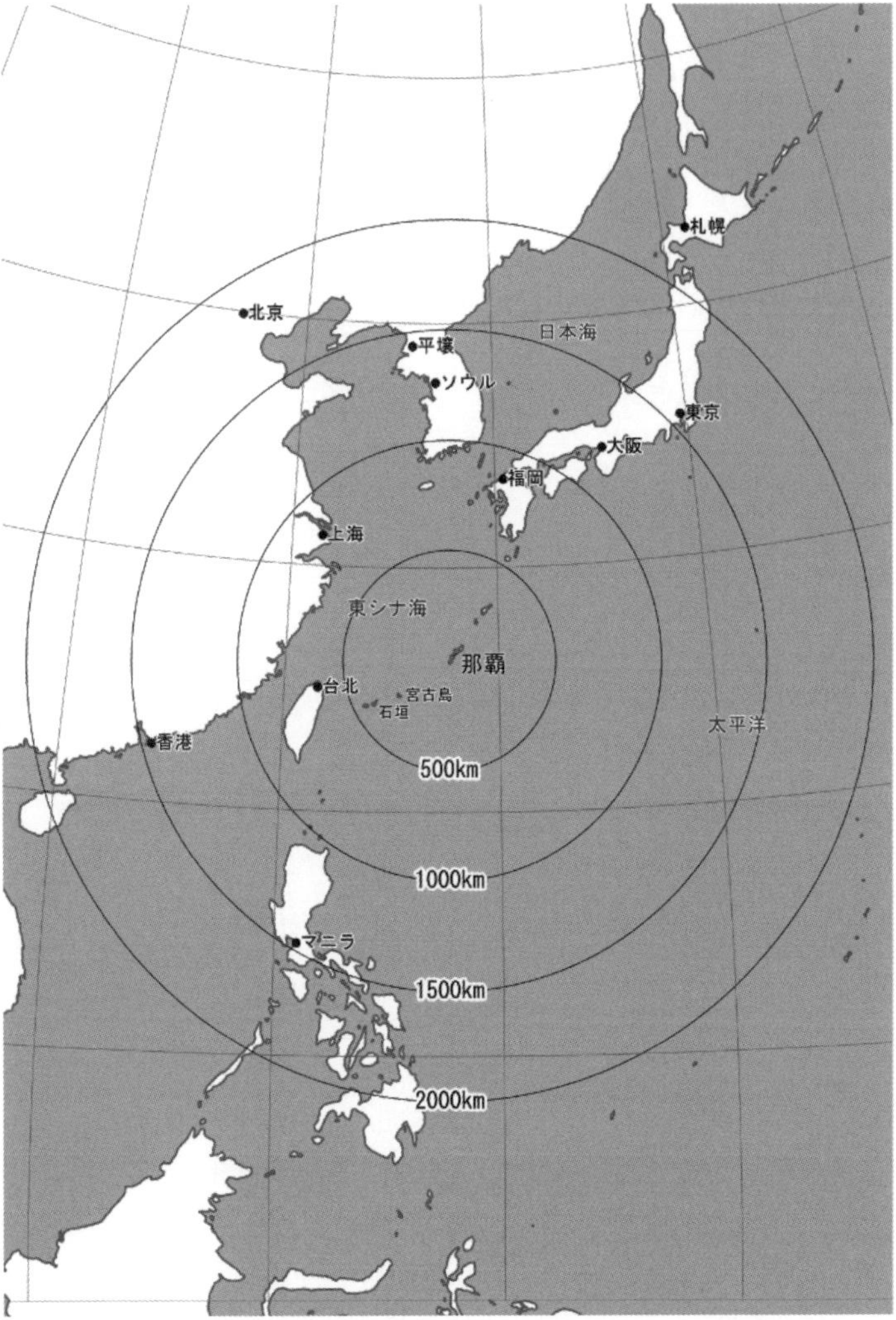

緯度はエジプトやインドと同じ

沖縄本島は北緯26～27度に位置しています。

これは次のような地域と同じくらいの緯度に位置していることになります。

●黄金マスクで有名なツタンカーメンのお墓があるエジプトのルクソール（北緯26度）

●インドのタージマハルがあるアーグラ（北緯27度）

●温暖なリゾート地として有名なアメリカフロリダ州のマイアミ（北緯26度）やディズニーワールドのあるオーランド（北緯28度）

気団の関係やその他、内陸か沿岸部かといった地理的条件によってもそれぞれの地で気温や湿度は異なるので、一概に「同じ気候」とは言い切れませんが、緯度で見ると、おおまかな気候のイメージもしやすいかと思います。

37の有人島と離島旅

沖縄県の160ある島々は大きく分けると、沖縄諸島（沖縄本島など）、宮古諸島（宮古島など）、八重山諸島（石垣島など）に分けられ、各諸島で中規模な経済圏が構成されています。

そして、県の中心にあたる沖縄本島を除いて、沖縄県には37の有人島（橋でつながっている離島を1と数える）が存在します。

日本本土から離島に行くには飛行機や船の乗り継ぎが必要となり、私も横浜に住んでいたときにはなかなか行く機会がありませんでしたが、今は時間ができればカバンにさっと着替えを詰め込んで離島旅をするようになりました。

島は車で1周するのに30分とかからない場所も多く、「観光地をめぐる」だけでは時間が余ってしまう場合もあります。そんなときには昼間は気に入った海辺や公園を見つけて三線を弾き、17時になれば宿に戻ってその土地の食材を使った美味しい夕飯をオリオンビールや泡盛とともに食べる、というようなゆったりとした時間を楽しんでいます。

私は仕事柄パソコンと向き合う機会が多いのですが、離島旅行のときにはパソコンを携帯せずに、仕事を忘れて喧騒から離れた静かでのんびりした時間を過ごすようにしています。

若い頃は都会の騒がしい街が刺激的で楽しく、仕事関係者や友人と飲んでは終電に揺られて帰宅することが日常でしたが、沖縄に移住してからは海辺に行けば満天の星が見えたり、海から昇ってくる満月を見たり、海に沈む夕陽を見ながらキャンプをしたりといった自然とともに寝起きするのんびりした生活も贅沢でよいものだと思うようになりました。

みなさんも「自分のお気に入りの過ごし方」を見つけると、37の異なる島で素敵な旅行が楽しめることと思います。

冬はなく、「長い夏」と「秋」と「春」

私は沖縄に移住するまでは神奈川県横浜市に住んでいました。

人間は自己肯定するようにうまくできている生き物なのだとつくづく思うのですが、横浜で生活しているときには特に不満を感じたこともなかったはずなのに、沖縄に引っ越してきて沖縄のよい点が見えるにつれて、もともと住んでいた場所と比較をすることが多くなりました。

横浜に住んでいた頃の私の1年の流れを説明すると、11月頃から2月までは寒さが苦手なのであまり家を出ない生活が多く、3月になり少し暖かくなってくると気分はお出かけモードに切り替わるものの、花粉症がつらくて家にこもる日々が4月まで続いていました。

この時点で11~4月という1年の約半分は、家を出るのが億劫な生活になっていたわけです。

そして、残り半年はうきうきと出かけるのですが、みんな考えることは同じなので、5月の公園や野外のイベントなどはゴールデンウィークも重なってすごく混みます。6月には梅雨が始まり、7月の夏になるとジメジメと暑くてできれば室内にいたいと思ったりします。

少し過ごしやすくなる9月後半の秋から再び出かけ始めると、今度はすぐに11月の寒い時期がやってきて、また家を出るのが億劫な半年が始まるというような感じです。

もちろん沖縄でも家から出づらい台風シーズンや梅雨などはありますが、本土の「冬」のような痛い寒さはなく、「寒い秋」程度の気温で過ごせますし、スギなどの植林がなかったため花粉症に煩わされる時期がないので、外出を楽しむ上では沖縄はとても魅力的です。

台風シーズンは外出しづらいとはいっても、台風前後の数日以外は天気もよく、日によってはお出かけ日和になります。梅雨も長期間なわけではないので、横浜に住んでいた頃のように年の半分を家にこもっているというようなことはなく、人生の有効に使える時間が延びたように感じます。

これは沖縄に移住した大きなメリットの1つです。

そして台風シーズンや梅雨を除いた「秋」と「春」は、穏やかな風が吹いている日が多く、気持ちよく過ごすことができます。

沖縄の「夏」と「冬」

2021年にお笑い芸人でYouTuberの中田敦彦氏が亜熱帯のシンガポールに移住し、1年後に日本の季節についての所感を話していましたので、次に引用します（※1）。

「日本は9月から4月まで寒く、半年冬、春は短い、夏も短い、花見のシーズンも短い、桜が咲き始めて花見のときには寒すぎで、あったかくなってきたときには葉桜で、夏が来るのかなと思ったら梅雨が来て、ようやく夏が来たと思ったらすぐに夏が終わり、秋を楽しみたいと思ったら紅葉はまだで、そう言っている間に長い冬が来る」

アップテンポな面白い口調で表現されていましたが、1年の流れがうまく表現されているなと感じました。

沖縄は、最も寒くなる1～2月が最高気温19度、最低気温14度、最も暑い7～8月が最高気温31度、最低気温26度と寒暖差も少なく、年間を通じて寒すぎず暑すぎない気温です。

常に「夏」のイメージがある沖縄ですが、実は真夏でも最高気温は31度程度ですし、梅雨を過ぎると比較的カラッとした気候になるため、直射日光を避けて日陰にさえ入ればとても過ごしやすいです。ヒートアイランド現象などにより年々暑くなっている東京などの都心部のほうが気温も湿度も高く過ごしにくいと感じます。

実際、私も東京で仕事をしていたときには、真夏は朝の通勤電車で大汗をかき、ランチのために日中外に出るのも嫌になるくらいジリジリ・蒸し蒸しとしていたのを覚えています。

ただし沖縄の場合は、海風の影響もあり日陰は暑すぎることはないものの、紫外線が強く、太陽の下にいると実際の気温よりも温度が高く感じ、ひりひりするような日焼けをしてしまいます。慣れない人が1日中外で遊んだりすると水ぶくれをしてしまうほどの日焼けをすることもあるので、過ごし方には注意が必要です。

沖縄に移住してから地元の人の生活を見ていると、真夏でも長袖を着て紫外線を避けている人が多くいます。海に行くときなども長袖・長ズボンのラッシュガードを購入して着るのがおすすめです。

そして、「冬」の沖縄の気温は避暑地として有名な長野県軽井沢の「夏」の気温と同じくらいになり、黒潮の影響で暖かく過ごしやすく、訪れるにはとてもよい場所です。この寒くない冬の気候を利用して、官民で「スポーツアイランド沖縄」を掲げて力を入れています。

冬の時期にプロ野球チームがキャンプ地として沖縄各地を活用するのは有名ですが、その他にもラグビーやマラソン、トライアスロン、サイクリングの大会、ゴルフなどで沖縄に来る人もたくさんいます。

ただ、12～2月にかけてはロシア東部に発生するシベリア気団の影響でシベリアからの強い季節風が吹き寒気が流れ込むことがあり、体感としては気温よりもずっと寒く感じる日もあります。

先にも述べたように最も寒い１～２月の気温が最高19度、最低14度なので「この気温で！」と驚くでしょうが、お店には冬物のセーターもコートもブーツも売られていて、実際に日によっては街中にダウンジャケットを着てブーツを履いている人もちらほらと見かけるほどです。

2　沖縄ってどんなところ？

大きさは東京都・神奈川県とほぼ同じ

47都道府県の国土面積ランキングによると43位神奈川県、44位沖縄県、45位東京都と、沖縄県は東京都・神奈川県とほぼ同じ面積を持っています。沖縄本島は沖縄県全体の約半分の大きさで、神奈川県や東京都の半分または東京23区2個分の大きさということになります。

沖縄本島は縦に長く、南北に１４０㎞（うち高速道路は70㎞）、車で2時間30分かかるくらいの距離があります。

もう少しイメージしやすいように、南北の距離を各地方の主要駅からの距離と比べてみてみましょう。

おおよそですが、次と同じくらいの距離です。

●札幌駅から旭川駅
●仙台市（仙台駅）から福島県郡山市（郡山駅）
●東京都（東京駅）から静岡県沼津市（沼津駅）
●大阪市（大阪駅）から三重県四日市市（四日市駅）
●広島市（広島駅）から岡山県倉敷市（倉敷駅）
●福岡市（福岡駅）から大分県別府市（別府駅）

人口、そして不思議な住人

人口は東京都が１４００万人に対して沖縄県は１４６万人と、東京都の10分の1程度、日本全体が１・２億人なので約１％になります。

総務省が発表した２０２２年10月1日時点の人口推計によると、沖縄県の人口は日本復帰の１９７２年以降初めての減少となりましたが、それまで沖縄は日本全体の傾向から見るとめずらしく人口は毎年微増してきました（※２）。

沖縄の出生率は１・８で人口維持に必要な２・０７に至っていないため、実際には移住者による人口増加が起因しているものと考えられます。沖縄県外からの移住者は毎年３万人が移住してきていますが、２０１５〜２０２０年の5年間での人口増は合計して３万人でした。

つまり、毎年３万人の移住者分が純増しているわけではなく、移住をやめて帰省した人数を差し引いて、全体の人口が微増していっているという状況です。

さらに、沖縄にはいくつかの不思議な住人の存在があります。その１つが、１年以上定住しているけれども沖縄に住民票を移していない人が20万人と、滞在期間１か月以内の人が10万人いることです（※３）。

そして、もう１つの特殊なケースが在日米兵およびその家族です。２０１１年以降、米軍が在日米兵およびその家族の人口を公表するのをやめてしまったために正確な数字はわかりませんが、沖縄に住んでいる在日米軍関係者の人口を推計すると５万人いると言われています。

まとめますと、人口１４６万人だと思われている沖縄県には「実は」１８１万人の人が住んでおり、内訳は沖縄県民１４６万人（81％）、住民票のない居住者20万人（11％）、滞在１か月以内の人口10万人（６％）、在日米兵およびその家族５万人（３％）という構成になっているわけです。

先ほども述べましたが、リゾート地として知られる沖縄の「リゾート」のそもそもの語源は、英語の「Ｒｅ＝繰り返し」にフランス語の「Ｓｏｒｔｉｒ＝出かける」であり、余暇や休日を過ごすために「何度も通う場所」という意味が含まれています。このことからも、沖縄は単なる「観光地」とはまた少し違った場所だということがわかります。

コロナ禍前の２０１９年のデータでは、沖縄を訪れる県外観光客の86％がリピーターであり、これは沖縄のリゾート力を表す数字だと言われています（※４）。

このような「リゾート力」が起因して、住民票のない20万人の居住者や滞在1か月以内の10万人の人々が存在するのだと考えられます。

インターナショナルスクールが多い

後述する時代背景からか、はたまた5万人の在日米兵およびその家族の存在の影響からか、沖縄本島には小学生以上が通えるインターナショナルスクールの数が約10校と多いです。日本の都市部にあるインターナショナルスクールと比べると、学費も3分の1から半額程度と安価であるため、子どもをインターナショナルスクールに通わせたい親が移住してくるケースもよく耳にします。

かくいう私も、娘を2歳のときからインターナショナルスクールに通わせています。2歳なので英語どころか日本語すらままならない状態でしたが、1年が経った今では英語でよくしゃべりかけてきてくれます。しかも「英語スイッチ」があるのか、学校では日本語は話さず英語だけで生活しているようです。

私はそれほど教育熱心なほうではありませんが、これからの少子化や労働人口の不足が問題となってくる時代を生きていかなければならない子どものことを考えると、英語を流ちょうに話せるようになることは視野や選択肢を広げることにつながるので、日本語と同じように英語を吸収していく娘の成長を喜ばしく思っています。

【図表2　日本諸方言と琉球方言と消滅危機度】

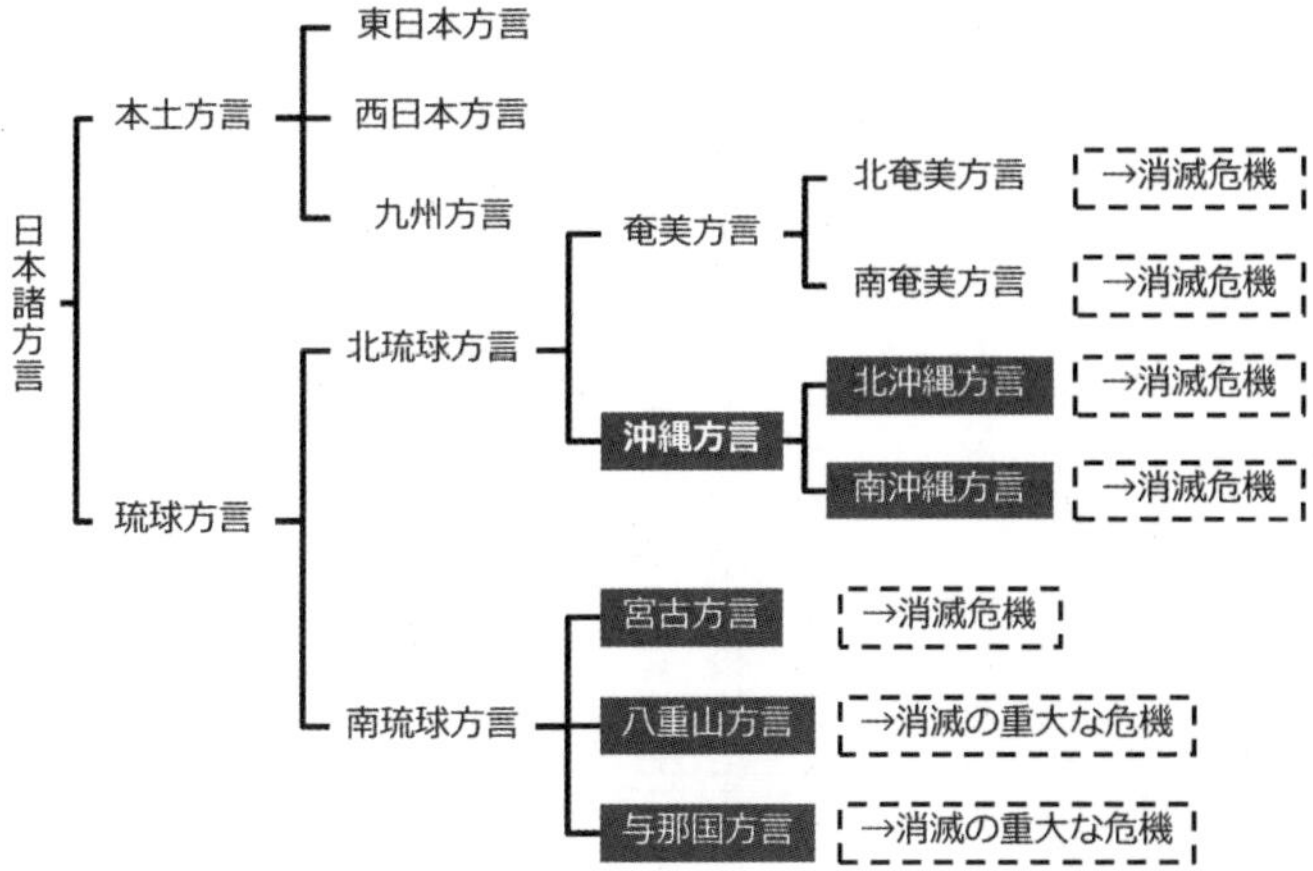

沖縄の方言

沖縄の方言は奄美の方言と同じ「琉球方言」に属しており、その中でも図表2にあるとおり、沖縄本島の方言（沖縄方言）と奄美の方言（奄美方言）とは「北琉球方言」という同じカテゴリーにあります。

逆に同じ沖縄でも宮古島や石垣島（八重山）の方言は「南琉球方言」という、沖縄本島の方言とは別のカテゴリーに属しています。

現在において、カテゴリーが同じであるから理解しあえるということではありませんが、言語のルーツが同じところにあることから、もともとは近しい表現などを使っていたと考えられています。

また、「琉球方言」の1つの特徴は、日本語の母音が「あいうえお（aiueo）」に対して、「琉球方言」は「あいういう（aiuiu）」の3母音な点です。「e」が「i」、「o」が「u」として使われることを原則（ルール）として、たとえば「酒（ｓａｋｅ）」は「さき（ｓａｋｉ）」となり、「星（ｈｏｓｈｉ）」は「ふし（ｈｕｓｈｉ）」、「米（ｋｏｍｅ）」は「くみ（ｋｕｍｉ）」のようになります。

沖縄の方言を聞いたときに、このようなルールを理解してから言葉を見聞きするとなんとなくわかってくるのが面白いですよね。沖縄をドライブしていると、「沖縄すば」という旗を見かけたりしますが、「そば（ｓｏｂａ）」が「すば（ｓｕｂａ）」になるからなのだとずっと理解ができると、少し沖縄文化に近づけた気持ちになります。

こんな風に文化を感じられる方言ですが、２００９年に沖縄と奄美の方言はユネスコにより消滅危機言語と認定されました。

近代日本における戦前から戦後にかけて日本各地で標準語（共通語）化教育が行われ、特に沖縄と奄美群島では方言禁止教育が行われたことや、近年では核家族化により若者が年配の人と接する機会が減り、この伝統的な方言（しまくとぅば）を話すことも聞くことも少なくなっていることが原因だと言えます。

小学校などでの「方言クラブ」や方言を学ぶ授業を設ける取組、文化庁の危機的な状況にある言語・方言サミットによる状況改善対策はあるものの、若者同士や移住者と話をするときに「しまくとぅば」が通じないこともあるので、今後も消滅危機の流れは止まることはないでしょう。

しかし、「しまくとぅば」の消滅は沖縄の伝統文化である琉球舞踊や沖縄民謡などの衰退にもつながりますし、とても憂慮すべき事態だと感じています。

御願（ウグヮン／ウガン）行事、旧暦と沖縄手帳

沖縄に移住してみて、沖縄文化の魅力を感じることの１つに沖縄では日本本土よりも時節柄の行事が多いことがあります。

その中に「御願」と呼ばれる行事があります。御願の基本は旧暦の１日と15日に台所にある火の神様（ヒヌカン）と先祖崇拝の象徴である仏壇（トートーメー）へお供えをして拝むことです。

ヒヌカンは家の火（かまど）をつかさどる神様で、家全体を厄災から守り、家族の健康を守ってくれる家の守護神であり、今も人々の中にヒヌカン信仰が根づいているそうです。

そもそも日本本土でも「八百万の神」というように神羅万象に神様を見出してはいますが、最近では観光や初詣などで神社にお参りに行くときくらいしか神様の存在を考えたりしない人が多いのではないでしょうか。私もそのタイプなので、日常的な行事として家の守護神である火の神様とご先祖様にお供えをして拝むというのはとても素敵なことだなと思います。

沖縄の人でもすべての年中行事を詳しく知っているわけではないでしょうが、前述のヒヌカンへの御願の他、たとえば清明祭（シーミー）や旧盆など大切にされている行事がたくさんあります。

旧暦にあまり馴染みのない私はスーパーの催事場や店内の広告などで、旧正月の時期なのか、清明祭の時期なのか、と気づくこともありますが、１年を通して行事の時期を把握しておくために、移住をするならば「よくわかる御願ハンドブック（ボーダーインク社）」などの本を１冊は家においておくと便利かもしれません。

移住したばかりの頃は、「スーパーやコンビニなどで旧盆の時期になると見かける紙の束はなんだろう?」と思っていましたが、こういった本を読むと、紙の束はあの世で使うお金で「ウチカビ」といい、お墓参りや清明祭、旧盆の最終日(ウークイ)などに燃やして先祖供養をする、など知ることができて勉強になります。

もちろん、今の時代インターネットですぐに調べることもできますが、本があると一度に年中行事を網羅することができて便利です。

また、沖縄ではお盆はもちろん行事ごとは旧暦で行われることが多く、沖縄の人は「沖縄手帳・かりゆし手帳」といった旧暦が(県内でのイベントや観光施設の一覧なども)記されている手帳を持っている人も多くいます。

沖縄に住んで仕事や人付き合いをするのに、こちらも持っていると便利です。

県産本と沖縄本

沖縄の書店や図書館には県産本(県内の出版社がつくった本)・沖縄本(それ以外の沖縄関連本)と呼ばれる本のコーナーがあります。他地域でも県産本はありますが、沖縄はその数が多く、県内の出版社は44社(2020年時点)あり、人口比率にして出版社の数は全国1位なのではないかとも言われています。

それにはいくつかの理由があり、たとえば日本本土で出版されたガーデニングの本は沖縄では気候が違うため花や植物が異なり季節感の違いから参考にならないことが多いことや、先に挙げた御願や旧暦行事、冠婚葬祭など習慣が異なることが県内の出版社が多い理由として挙げられます。

沖縄の人は背が低い

まず、日本人全体として、隣国の韓国や中国に比べて背が低いと言われています。理由は諸説あるのですが、日本史上で「最悪の時代」と言われる江戸時代にその原因があると考えられています。江戸時代、徳川政権では大名同士が結びつくことを嫌ったため、人々の自由な移動や物資の移動を禁止し、それによってたとえば駿河（静岡）で飢饉が発生したとしても、幕府の許可がない限りは江戸（東京）から人や食べ物、物資を送れないという状況になっていました。そのため飢饉を江戸に報告をして許可を待っている間に、みんなが死んでしまうという惨憺たる状態でした。

また、人々の自由な移動を禁止したことで、通婚する範囲が同じ村か隣村くらいに狭くなり、血が濃くなったことも人々の身長が低くなった理由の1つでした。

現在の人口スケールで考えると500万人規模の餓死者を出すなどの「栄養不足」と人の自由な移動を禁止したことによる「血が濃くなる」といった状態をつくり出したため、江戸末期は日本人の身長と体重が史上最低になりました（※5）。

ここまでは日本人全体の背が低い理由ですが、江戸時代の干渉が少なかった沖縄の人が日本本土の人に比べても背が低い理由はこれとは別にあります。

ドイツの生物学者が発表した「ベルクマンの法則」という研究があり、「恒温動物（自らの体温を一定に保つことができる動物）においては、同じ種でも寒冷な地域に生息するものほど体重が大きくなる」というものです。

内容が少しわかりづらいので結論から言いますと、「温暖な地域で体温を維持するためには放熱を十分に行う必要があり、小型であるほうが放熱効率がよい」ということです。このように生物学的に見ても、温暖気候の沖縄では低身長になる人が多くなる傾向にあります。

3　優しさあふれる沖縄の人

「見えない壁」？

先ほど、沖縄には年間約3万人が移住してきているが、ほぼ同数が毎年県外に帰省しているため純増していないと述べました。このように沖縄が大好きで移住したものの、数年以内に沖縄での生活を諦めて県外に戻っていく人が多いという現実があります。その主な原因は、低賃金や物価高などの問題や人間関係が難しいことが挙げられます。

実際に私がここ数年沖縄に住んでみて感じたことは、沖縄と日本本土の人の間には「見えない壁」があるのではないか、ということです。

観光客として沖縄旅行をしているときに接する「沖縄の人」は自分を「客」として接してくれる方々

なので、もちろんみんな丁寧で優しい人ばかりです。「観光業」が盛んな場所で「観光客」に優しいのは当然なのかもしれません。ですが、移住をして実生活が始まってみると、また違った「沖縄の人」の一面を見る機会も増えるでしょう。

たとえば、沖縄の人は身内のつながりや仲間意識、結束力が強いということをとても感じることがあります。

沖縄では「沖縄」のことを「うちなー」、「日本本土」のことを「ないち（内地）」と呼び、「沖縄出身者」のことを「うちなーんちゅ」、「日本本土出身者」のことを「ないちゃー」や「ヤマトンチュー」と呼びわけたりしています。人や場面によるのですが「ないちゃー」や「ヤマトンチュー」という言葉が悪い意味を含んでいる場合もあります。

人と話すことが好きな私は、機会があれば近くにいる人に話しかけるのですが、そこで仲良くなる沖縄の人が次第に増えてきて感じたことは、沖縄の人は一度知り合うと沖縄のことをいろいろと教えてくれたり、遊びや食事に頻繁に誘ってくれたりとお世話が好きでとても優しい人が多いということでした。

また、有名な「なんくるないさ～（なんとかなるさ～）」という言葉が表しているように、沖縄の人は懐が深く、温かく優しいというイメージを元々持っていたのですが、移住後、特に子どもに対して「周囲の目が優しいな」、「子育てしやすいな」と感じることが多くありました。

食事処などでも座敷が多く、赤ちゃん連れでも外食をしやすかったり、あちこちに設備の整った公園があり、さらにはビーチもあり、日が長いので朝早くから夕方遅くまで安心して子どもを遊ばせられたりと、生活がしやすいと思います。

ただ、おおらかで優しい沖縄の人の中にも「移住者は、『沖縄に住む！』と言っていても数年後には帰ってしまうから仲良くなっても仕方ない」という気持ちが大なり小なりあるのではないかとも感じます。

たとえば「就職してきた移住者に丁寧に仕事を教えたのに、数年後には内地に帰られてしまった」「移住者と仲良くなってたくさんお世話をしたのに沖縄を去っていった」というような経験が積み重なったとしたら、移住者と仲良くなることへの心理的ハードルが高くなるのは想像できますね。

沖縄に転勤してくる人は数年後には転勤でいなくなってしまうということの他にも、米軍関係の人々も任期を終えたら別の地へ行ってしまうというように、沖縄ではたくさんの人が来るけれども同じようにたくさんの人が去っていくことが日常的にあり、それに慣れてしまっているのでしょう。

かくいう私も、移住して周りに友達ができるけれども県外に帰ってしまったり、米軍の異動で他国に行ってしまったりという経験はこの数年でも少なからずありました。

こういう背景を考えると、自然と親戚家族や地元の友人のような近しい者同士の人間関係を大切にして、それ以外の人とは（出会ったばかりの頃は特に）一定の距離を置いてしまうのも納得です。

そしてその身内意識や結束が固い分、「身内以外」に対する壁があったり、職場などでは人付き合いが難しくなったりという面が出てくるのかなと推察します。

私も稀に自分のお店に来た一見のお客様に「ないちゃー」と悪意を持って言われることがありますが、あまり気にしないようにしています。逆に沖縄の友人たちからは大変よくしてもらうことが多く、生活や仕事は充実しています。

どこの会社・組織でも優しい人、意地悪な人、人懐っこい人、冷たい人はいるものですし、大なり小なり人間関係に悩むことはあるものなので、沖縄での移住生活も自分の心の持ち方次第でよいほうにも悪いほうにも取れるのではないかと思います。

もし移住してきて職場など1つのコミュニティーで人間関係に悩むことがあったら、そこ以外の別のコミュニティーを探してみると素敵な人たちに出会えるかもしれません。

うちなータイム

そして、もう1つ「見えない壁」をつくっているのではないかなと思わせる、沖縄ならではの文化が「うちなータイム」です。

うちなータイムとは、内地とは異なる独特の時間感覚のことで、たとえば集会・行事などが予定時刻よりも遅れて始まることをさします。

沖縄は車社会のため、渋滞などにより集合時間に間に合わなくなることがあったり、島社会のために天候などによる流通の乱れで納期の見通しが立ちにくかったりする中で培われてきた文化なのかもしれませんが、移住してきたばかりの頃は「時間に対してゆるい」と感じることもありました。

これはプライベートな遊びや飲み会などの待ち合わせ時間に対することだけでなく、仕事上での時間でも感じることが時々あります。

たとえば、次のとおりです。

●不動産屋さんとのアポイントで、時間になっても不動産屋さんが来ない。少し経ってこちらから連絡を入れると、「遅れているのでお待ちください」とだけ言われる。

●カー用品店でアクセサリー取りつけを依頼したときに、部品の取り寄せのため1週間後くらいに連絡すると約束される。1週間後に連絡がこないので、連絡を入れるとどうやら発注し忘れで、もう1週間待つことに。さらに1週間が経っても連絡がこないので、連絡をすると天候不良による納期が数日遅れている。数日が過ぎて連絡がこないので連絡をしてみると「すでに入荷しているので、すぐに来てください」と言われる。

自分がサービスをする側の場合、アポイントの日時が遅れることがあれば事前に連絡するのが当たり前という認識だったため、これらの出来事には少なからずカルチャーショックを受けました。

もちろん個人の性格によるところも大きいのですが、この「うちなータイム」の存在も、よくも悪くも時間に正確で厳しい生活に慣れている移住者にとっては「見えない壁」になる原因なのではないのかと思います。

ちなみに、「うちなータイム」はもちろんよい面もあります。多少時間に遅れても悪気がなければ責めない「おおらかさ」もその1つと言えるでしょう。

別の話ですが、沖縄で車を運転すると、車線変更をしようとすると譲ってくれる人が多いことに驚きます。信号待ちで青に変わっても前の車が進まないときにクラクションを鳴らさずに待っているような車も何度か見かけ、「おおらかさ」があり時間と心にゆとりがある故なのだろう、と考えずにはいられません。

自分が同じような時間感覚で生活するかどうかは別として、「郷に入っては郷に従え」ということわざもありますし「うちなータイム」の文化を理解することは沖縄で心穏やかに過ごす秘訣かもしれません。

「見えない壁」の取り外し方

沖縄に移住してみて、沖縄と内地の人の間には「見えない壁」があるのではないかと感じたわけですが、その「壁」を取り払うためには沖縄について理解することが大切ではないかと思います。

沖縄の歴史については別の章で細かく触れたいと思いますが、まず、そもそも沖縄は145年前まで「琉球王国」という450年も続いた1つの国であり、長く続いたと言われる江戸時代の260年と比べても長い歴史をもつ1つの王国でした。

145年前の1879年に強制的に日本の統治下に置かれ、琉球王国が琉球藩となり廃藩置県で沖縄県が設置されて、琉球王国の実態がなくなりました。

1945年の終戦後からは27年間（1972年まで）、アメリカによる沖縄統治の時代が続いたため、この長く複雑な沖縄の歴史の中で、ある種独自の文化が根づき、今でも内地とは異なる文化が人々の中にはあるのでしょう。

そして、諸説ありますが沖縄の人は顔の彫りが濃い縄文系が多く、日本本土の人は顔の彫りが薄い弥生系が強く入っていると言われています。もともと沖縄を含む日本全土は縄文系でしたが、中国大陸から弥生系が入ってきたときに海によって隔てられて日本本土と交流が少なかった北海道（アイヌ）と沖縄の人には、縄文系の血が強く残ったのだと言われています。

東京大学名誉教授で人類学の尾本恵市氏の研究によると、耳あかの性質は特徴として遺伝しやすいそうです。実際に北海道のアイヌ人が6割、沖縄や奄美群島の人は4割の人の耳垢が湿っており、対して日本本土の人で耳垢が湿っているのはわずか1割でした（※6）。

面と向かって聞くにはなかなか勇気を要する質問であるため、お酒を飲むような席で「最近こういう本を読んだのですけど」と前置きをして耳あかが湿っているかを沖縄や奄美群島の人に聞いてみたところ、実際に5割以上の人から湿っているという反応が返ってきたので、なかなか興味深い研究だと思いました。

さらに、沖縄では稲作が始まったのが日本本土よりも1000年遅かったとも言われています。日本本土全域で稲作が始まったのは今より2100年前ですが、何度か稲作が伝わったものの沖縄で実際に稲作が始まったのは今から1100年前になります。

その理由は、沖縄は暖かく、常緑樹で1年中木々が生い茂っていて、木の実や果物がたくさんあり、海に潜れば魚や貝や海藻が豊富にあったことから、狩猟採集で十分な食事ができるため稲作があまり必要なかったからだろうと考えられています。

ユヴァル・ノア・ハラリ氏の著書の「サピエンス全史（2016年）」にこのような話があります（※7）。

「人類は石器時代に火を使うことを覚え、それまで食べていた果物や木の実、昆虫、死肉といったものを加熱調理することで消化するのがぐんと楽になった。それにより、小さな歯と短い腸で事足りるようになり、人類の腸は短くなった。長い腸は食べ物の消化に大量のエネルギーを必要としていたが短くなることで、同様に大量のエネルギーを必要としていた脳にエネルギーがいきわたり、脳が大きくなったと考えられる」

このように食べ物によっても人類の体や脳が進化するため、沖縄で稲作が1000年遅れたことは多少なりとも日本本土と沖縄の人との違いにも影響を及ぼしているのではないでしょうか。

また、アラン＆バーバラ・ピーズ氏の著書の「話を聞かない男、地図が読めない女（2002年）」の話もご紹介しておきます（※8）。

「人類は古くから男性が狩りに出て、数日かかる目的地でもあそこに水飲み場があり、あそこに狩場があると頭の中で地図を持ち、狩りをするときは一点集中するため、地図を読むことや1つの物事に集中した作業が得意になった。女性は家で子どもをあやしながら家事をして複数のことを同時に行う必要性があったため、マルチタスクが得意になった。また同じ集落の人と情報を交換するのも女性の重要な役目であったため、女性の脳は現代でも人間関係をつくり上げることを優先し、1日に平均6000～8000語の単語をしゃべる。男性は狩りの時などにコミュニケーションをそれほど必要としなかったことから、1日平均で2000～4000語と女性の3分の1から半分程度しかしゃべらない。男性は仕事が終わって家に帰ってくる頃にはすでに2000～4000語を使い尽くしており、話を聞くこと自体が不可能な状態なのである」

「サピエンス全史」や「話を聞かない男、地図が読めない女」の話から、食べ物や習慣などはDNAとして人類の体に残り、特徴を形成することが大いにあることがわかります。

まとめますと、次のとおりです。

●琉球という450年間の独自文化が145年前まで存在した
●縄文系が多い
●稲作を取り入れたのが内地より1000年遅い

このような点でも「沖縄」と「日本本土」にはさまざまな文化的・人類学的な違いが見えてきます。沖縄に移住をするのであれば「日本人なのだから自分と同じ」といった自分の価値観ですべてを判断しようとせず、場合によっては自分とは「別」と一度切り離して物事を見ることもよいのかもしれません。

地理的に見ても沖縄本島の中部エリアからは東京（1500㎞）よりも台湾（600㎞）やソウル（1200㎞）のほうが近いのです。気候も違えば文化も価値観も違って当たり前、と思ったほうが双方「壁」をつくらずに生活していけることでしょう。

情に厚い沖縄の人

本章の最後に、沖縄の言葉でとても素敵だなと感じた「いちゃばりちょーでー」をご紹介します。字面だけ見ると「いったい何？」と思うでしょうが、これは漢字では「行逢りば兄弟」と書き、「一度会えばみな兄弟」というような意味だそうです。

以前久米島で旅をした際、たまたまお昼時に少しお話をした人が居酒屋を経営していて、食べにおいでと誘われたので実際に訪問してみると、私たちの席に来てたくさんお話をしてくれたり、島唄を聴かせてくれたり、お土産まで持たせてくれたりという素敵な出会いがありました。

また、南大東島への旅行の際も、知り合いの知り合いくらいの関係の私たちを毎晩のように自宅での飲み会に誘ってくださったり、観光の面倒をみてくださったりという方もいて、沖縄の人は知り合ってみると本当に優しい人が多いなと感じます。

ただ一方で、沖縄の人は人見知りが多いともよく聞くので、まずきちんと「知り合う」ことが難しいところなのかなと思ったりもします。

お互いに人見知りをしていては交友関係は広がりませんので、せっかく移住するのであればたとえ「見えない壁」を感じたとしても「お！　これが壁だな！　乗り越えてやろう！」というくらいの気構えでいると、案外すっとすり抜けられるものかもしれません。

「いちゃばりちょーでー」や「なんくるないさー」の言葉にも表れているように、沖縄の人は優しさにあふれています。

これらのことを心に留めておくだけで、違ったものの見方ができたり、ストレスもなくなるかもしれません。本書が今後の沖縄生活の一助になれば幸いです。

【参考文献・資料】

※1　中田敦彦トーク（ＹｏｕＴｕｂｅ）「【シンガポール移住】１年が経って中田が感じた事とは？」２０２２年
※2　総務省統計局　人口推計　２０２２年
※3　外間晃「なぜ世界のお金持ちは、おきりぞを楽しむのか？」２０１７年
※4　沖縄県「令和元年度観光統計実態調査」２０２０年
※5　出口治明「還暦からの底力　歴史・人・旅に学ぶ生き方」２０２０年
※6　仲村清司「沖縄学」２００８年
※7　ユヴァル・ノア・ハラリ「サピエンス全史」２０１６年
※8　アラン＆バーバラ・ピーズ「話を聞かない男、地図が読めない女」２００２年

第3章　沖縄の歴史

1　歴史を知ることの大切さ

台湾とシンガポールを知る

私は以前、仕事の関係で台湾やシンガポールについて、歴史はもちろんのこと、その国の経済や地政学的な強み・弱み、文化や人を主なテーマとして研究していました。

仕事や旅行で現地を訪れ、現地の人との交流も率先して行っていました。台湾と日本が深い関係のあった１９００年代初頭に上下水道を整備し、台湾に多大な貢献をした八田與一氏のお墓（台湾南部）に参拝しに行ったこともありますし、以前からシンガポール初代首相のリー・クアンユー氏のファンでもあったので、２０１５年に逝去された際には国葬時期にシンガポールを訪れたりもしました。

最初は仕事の関係から台湾やシンガポールのことに詳しくなったのですが、現地の人との交流や、国のことを知れば知るほどに好きになり、訪れるたびにそれまでに知り得た知識の答え合わせをしているようで、とても楽しかった思い出があります。

沖縄を知ること

そんな台湾やシンガポールを「知ること」の経験があったからか、移住をきっかけに沖縄のことをもっとよく知りたいと思うようになり、移住後すぐに歴史、経済、文化や人を知ることから始めてみることにしました。

そして、いろいろなことを知っていくうちに表面だけではない沖縄が好きになり、多くの人に「この沖縄」を知ってもらうきっかけをつくりたいと思ったのが、本書を書く動機となりました。

沖縄好きな元お笑い芸人の島田紳助氏も著書で「歴史を知ることは土地に住むための1つのマナー」だと話していましたし、私自身もそのように向き合うことが大事なことだと考えています（※1）。

本章では「沖縄の歴史」について触れていきますが、「歴史」はあくまでとっかかりとして、次には沖縄の経済や文化、学芸を学び、人と交流したり三線などの民謡楽器などに触れてみたりすると、沖縄のことがもっと好きになれると思います。

「沖縄を知ること」は自身が沖縄を楽しく満喫して生活するための1つのツールだとも言えます。本章では、沖縄の歴史をざっくりと知ってもらえるよう、琉球王国誕生前については割愛し、近代史に関係する時代のみに焦点を置くこととします。

琉球王国の誕生までの歴史にも興味を持たれたら、ぜひとも書店や図書館などの県産本・沖縄本コーナーに足を運んでみてください。沖縄の歴史を知った後に観光地などの歴史的な場所を訪れるとまた違った見え方ができたり、見過ごしていたものが見えるようになったりもしますし、日本本土との違いや関わり方などを考えるきっかけにもなることでしょう。

2　海洋貿易国家

龍の爪

４５０年も続いた琉球（１４２９～１８７９年）をつくった尚巴志は、中国との関係を重要視して国交を行っていました。

というのも、中国との冊封体制（「中国が親分」で「周辺国が子分」の君臣関係）による朝貢貿易（周辺国が貢物を中国に渡してそれより数倍高価な返礼品をもらう）をすることで、琉球を繁栄させていたからです。

ちなみに、琉球史には日本史になじみのない言葉が登場するところがややこしいのですが、「冊封体制（さくほうたいせい）」と「朝貢貿易（ちょうこうぼうえき）」を覚えておくと話が入ってきやすいかと思います。

当時の中国では琉球以外の周辺国とも冊封体制による朝貢貿易を行っており、一見すると数倍高価な返礼品を送っている中国が損をしているようにも見えますが、中国からすると自国には経済的余裕があるという力を示すことができ、周辺国は高価な返礼品をもらえるため中国に逆らうこともなく、中国が周辺国を統治しやすくなるというメリットがありました。

昔の日本も中国の冊封体制下にありました。今でも日本本土のお寺で見かける古い龍の絵のうち、爪が3本の龍はこの時代に書かれたものです。当時は中国の皇帝の身の回りのものだけに5本の爪の龍が描かれていました。

日本では偶数を好まなかったことから3本の爪の龍を使い、朝鮮や琉球では4本の爪の龍を使う傾向があったので、沖縄の首里城に見られた龍の装飾にも4本の爪の龍が使われています。こういったことからも時代背景や周辺国との関係がわかります。

アジアの一大中継貿易地

琉球から中国への貢物は火薬の材料になる硫黄や軍馬が中心でした。中国は周辺国とのパワーバランスを重要視していたため、武力を有することが必要とされていました。そういった中国の需要を把握して琉球は貢物を送っており、中国からは朝貢貿易のための船舶をもらうなど、優遇をされていました。

琉球は海上の交通・軍事・通商の重要な地点であり、倭寇（東アジア地域で活動していた日本の海賊など）と琉球が結びつくことのないようにと朝貢貿易を事実上無制限とした優遇策もとられていました。

朝貢貿易のお返しは船舶の他には中国からの陶磁器や銅銭でしたが、中国国内では民間が他国と貿易することを禁止していたため、これらの品は朝貢貿易でしか国外に持ち出されることがない非常に希少価値が高いものとなりました。

そのため琉球は朝貢貿易を繰り返すことで、その返礼品を高値で他国に売却するなどして、大きな利益をあげることができていました。

当時の日本でも朝貢貿易を行っていましたが、均して13年に1回の朝貢貿易が許されるのに対し、琉球では1年に3回の頻度で朝貢貿易が行われており、このことからも中国が琉球を重要視していたことがわかります。

ただ、ほかにも世界最大の海上貿易都市となるマラッカ王国も琉球同様に朝貢貿易の優遇をされていたので、中国が海上の要衝に力を入れていたこともわかります。

琉球側も中国との関係を重要視していたため、中国からの使者が琉球を訪れた際には何度も宴会を催し、宴では泡盛を供し、三線、琉球舞踊なども披露されていました。また、これらも周辺国との貿易で沖縄に生まれたものであったのです。

3　日本との関係

琉球侵攻計画

時は第一尚氏時代（１４０６―１４６９年）から第二尚氏時代（１４６９―１８７９年）に移ります。

第２章で「１４５年前の１８７９年に強制的に日本の統治下に置かれ、琉球王国が琉球藩となり廃藩置県で沖縄県が設置されて、琉球王国の実態がなくなりました」と記した点について、触れていきたいと思います。

琉球がなくなるに至った事の発端として、薩摩藩の琉球侵攻計画というものがありました。

戦国時代に日本を統一した豊臣秀吉と、そのあとを統治した徳川家康のどちらにも負けた薩摩藩は、敗戦続きで戦利品が得られず財政難に陥っていました。

そこで薩摩藩は「琉球を乗っ取れば農地から得られる税収が増え、中国との朝貢貿易の利益も搾取することができる」と考えました。

豊臣秀吉が中国の冊封体制下にいた朝鮮を侵略しようとしたため（文禄・慶長の役）、日本と中国の関係は悪化しており、関係回復の仲介役を琉球にさせたかった徳川家康は薩摩藩の琉球侵攻計画には肯定的でいました。

当時、琉球では１００年あまり平和な時代が続いていたため、軍隊が弱く、薩摩藩が沖縄本島に上陸してから10日ほどで首都は陥落してしまいました。このときに琉球国王が「琉球は古来より薩摩に従属し保護および支配を受けている国である」との契約書に署名をさせられ、１６１１年に琉球は事実上日本の配下となったのです。

人頭税

朝貢貿易で貢物を出し、返礼品から得られる利益と農地からの税金を薩摩藩に徴収されるようになった琉球は、もちろん財政難に陥ります。

そこで国としての赤字を、能力に関係なく、15～50歳までの全員に割り当てられた税金、人頭税という形で国民から徴収するようにしました。そのため身体が弱い人などの税負担は他の家族が強いられる形となり、口減らしが行われるというひどい時代がありました。

琉球処分

薩摩藩の琉球侵攻以降、日本と中国は日本の実質的支配下にあった琉球のことを、事を荒立てないようにと隠し、知らぬふりをし、琉球が日本と中国の２つの国に属す日中両属状態が２５０年ほど続きました。

その後、ついに日本による琉球の併合が行われ始めます。欧米諸国がアジアの植民地化を進めていく脅威の中、琉球が欧米に侵略されると日本本土が狙われてしまうため、手っ取り早く日本の領土であることを主張したほうがよいと考えたからです。

１８６９年、中央集権化をさらに強化するため、日本では諸大名から領地と領民を天皇に返還させて、旧領主を東京に呼び寄せて旧領地から切り離して政府の下に県をおく廃藩置県が行われていました。

日本は中国との争いをできるかぎり避けようとし、廃藩置県が行われる中でも琉球を一度は「琉球藩（１８７２─１８７９年）」として残し、琉球の独立性を示すため国王を「藩王」としました。

しかし、最終的には他の藩と同じく琉球藩王を東京に呼び寄せて廃藩置県が行われます。そもそも「琉球」という名前は中国によってつけられた呼称であったため、琉球の人が自分たちのことを呼んでいた「うちなー」に漢字をあてた「沖縄」として「沖縄県」が設置されました。

これを日本は独断で行ったため、琉球と中国の両国からの激しい反発はありましたが、武力を行使して強制的に沖縄県の設置を宣言して、ここに琉球の歴史が幕を閉じます。

その後、琉球人には日本人としての自我を芽生えさせようと日本文化と日本語を教え、同時に琉球文化のはく奪が行われるなど、前章で触れた「琉球方言や琉球文化の消滅危惧」へと続きます。

沖縄における共通語教育でこのような話をよく聞きます。小学校で方言を使うと「方言札」という木の札を首からかけられて、方言を話すことは恥ずかしいこととして教育をしていたそうです。

これを近年でも「国家主義による方言の抑圧」だとして沖縄を被害者の場に置く論議が行われているのですが、実態としては、たとえば鹿児島県や高知県などの小学校でも、戦前戦後を問わず、同様のことが行われていました。１９７５年頃でも高知県ではさかんに行われ、うっかり方言を使うと減点になるという罰があったほどで、沖縄県で行われた共通語教育との違いはあまりなかったように思います。

廃藩置県も同様で「沖縄県だけが悲惨な扱いを受けた」とされる声が多い中、実態としては各諸大名（地元のリーダー）から領地と領民を無理やり返還させ、明治維新の原動力として勢力の強かった薩長土三藩の士族兵を東京に集め、砲口を向けて、反対する藩があれば容赦なく討つ、という武力態勢もとられていました。実際に廃藩置県が行われた際には全国300万いた士族は失業することにもなります。

廃藩置県で琉球藩王を無理やり東京に連れていき、強制的に琉球の歴史に幕を閉じたのですが、他の藩も同様に諸大名を無理やり東京に連れていき、強制的に藩の体制が崩壊させられました。最初の沖縄県知事には他藩の者がついたのですが、他藩の県知事にも同じく別の藩の者が県知事につきました。

多くの琉球史、沖縄史を読んでみると、これらのことは琉球のみに加えられた「ひどい処置」として書かれており、同時代に、同原理で行われた日本本土における廃藩置県の実情については触れられていません。

もちろん、日本本土と琉球の廃藩置県には8年の差があり、西南戦争を間に挟むことから、さらに強固になった日本政府の権力が琉球にのしかかったという違いはありますが、歴史小説家の司馬遼太郎氏の言葉にもある「日本本土と琉球のどちらでも起こった「共同体験」だ」という認識が正しいのかもしれません（※2）。

県外、海外移住者たち

1879年に沖縄県となり、職を求めて日本各地に移住する者が急増しました。当時は沖縄との定期航路の多かった大阪へ移住する者も多くいました。現在の大阪市大正区には沖縄出身者とその子孫が人口の25％を占めると言われ、沖縄食材店、沖縄料理屋、沖縄舞踊や三線教室も多く、沖縄文化が濃く残っています。

その25年後の１９０４年に沖縄を干ばつが襲い、このときには海外に移住する者が増え、１９３５年時点で沖縄出身の海外在住者はハワイ1・3万人、ブラジル1・1万人、ペルー0・7万人、フィリピン0・6万人といました。県外に沖縄街があったり、海外に沖縄からの移住者が多いと言われるのはこういった背景がありました。

今でも4年に1度、沖縄本島で開催される「世界のうちなーんちゅ大会」では、移住先の国から沖縄2世・3世が集まってきて、国際色豊かな盛大なイベントが開かれています。

イベントは一体感があり、普段から沖縄に住んでいない人たちがどれほど沖縄のことが好きなのかということを感じられずにはいられない、とても素敵なイベントになっています。

4年に1度という稀な機会ではありますが、沖縄に移住されましたら、ぜひ参加してみてください。

4　アメリカとの関係

捨て石

第二次世界大戦（１９３９〜１９４５年）下、日本国内で住民を巻き込んだ地上戦（以下沖縄戦）があったのは唯一沖縄県だけです。当時県民は約49万人いましたが、そのうち約12万人が亡くなりました。沖縄県民の実に4人に1人がこの戦争によって亡くなったわけです。

ここで、沖縄県の地方紙「琉球新報」がホームページに掲載している「沖縄戦」の内容を抜粋します（※3）。

「日本軍は、上陸してきたアメリカ軍をできるだけ沖縄に足止めさせて、戦争を長引かせることにしたのです。そうすることによって日本本土での戦争を遅らせ、その間に本土での戦争準備を整える考えでした。沖縄は本土を守るための「捨て石」となったのです。この作戦によって一般住民を戦闘に巻き込み、犠牲を増やす結果を生んだのです」

アメリカ世（ゆ）

その後、日本が第二次世界大戦に敗れ、北緯30度線以南（鹿児島県の屋久島より南に位置する島々）の地域が行政分離されてアメリカ政府の統治下となりました。そして地域ごとに徐々に返還が行われ、奄美群島が戦後7年の1952年に、沖縄県はそれより20年遅れて1972年に返還されました。

沖縄は戦後27年間、アメリカ政府の統治下におかれ、日本本土に渡航するには琉球列島米国民政府が発行するパスポートが必要でした。この頃の沖縄はアメリカなので車両右側通行でしたし、B円という沖縄独自の紙幣が使われていました。

元日経新聞那覇支局長は、これは、「アメリカ政府による戦略的な支配」だと考察しています（※

4)。

第二次世界大戦時に米軍が沖縄上陸前に書いた「琉球列島に関する民事ハンドブック」に、このような記述があります。

「琉球人は粗野な振る舞いから、日本人に「田舎から出てきた貧乏な親戚」と差別されている。潜在的な不和の種は政治的に利用できる」

この方針に従い、戦後に実践されたのが、米軍が無料配布していた雑誌で「琉球」「琉球人」という言葉を多用し、日本本土と沖縄は違うということの意識の植えつけだったと言われています。

沖縄県の設置から第二次世界大戦が終わるまでの65年間は「沖縄県」でしたが、古い呼称の「琉球」という言葉がここにきて意図的に使われ始めました。「琉球政府」が置かれ、中央銀行は「琉球銀行」、リンカーン大統領の誕生日を創立記念日にした「琉球大学」をつくり、議会は「琉球立法院」と名前が付けられました。

終戦後の米軍による基地建設のための土地の強制収用問題や米軍関連の事故や事件などに対して、沖縄県民の不満が反米・反基地へと向かわないように、様々な方法で沖縄と日本本土を分断し、できるかぎり反日感情に向かうようにしていました。

他国でも反日教育をしている国もありますが、自国政府への反発を抑えるために反日に意識を集中させているのを考えると、「沖縄におけるアメリカ政府による戦略的な支配」が起こりえたであろうことも想像に難くないでしょう。

パンパンノクヮー（売春宿の子）

戦後27年、1972年に沖縄は日本へ返還されました。先だってその20年前の1952年に奄美群島が日本に返還されました。奄美出身者は同じアメリカ統治下にあった沖縄で働いている人も多かったのですが、奄美が日本に返還されたのを機に分断と差別が起こります。

沖縄では奄美に戸籍を有する人は外国人登録証の発行が必要になりました。次に、奄美出身者を公職から追放、参政権、土地所有権、公務員試験受験資格、国費留学受験資格のはく奪が行われ、融資は制限され、税金はいままで同様に義務とされるものの、奄美出身というだけで沖縄でのすべての権利をはく奪されました。

その日暮らしの日雇い人夫が工事現場の地固め作業で「ドッコイ、ドッコイ」としていたことから、「(奄美）大島ドッコイ」または「オーシマー小（グヮー）」と呼ばれていました。小（グヮー）とは目下の者や格下の者を蔑称するとき使われる沖縄の方言です。

また、奄美出身の女性が売春宿で働くことが多くなったことから、女性は「(奄美）大島パンパン」と呼ばれました。

3代目山口組の頃にヒットマンをしていたのは奄美出身者が大半を占めていたとも言われているほど、奄美大島出身者の仕事・生活は劣悪なものとなっていきます。

沖縄県内のアパートには「奄美と宮古はお断り」とした張り紙がされ、日本本土で「朝鮮人お断り」「琉球人お断り」とアパートの張り紙で書かれていたのと同じような差別が沖縄でも起こっていました。

奄美出身で元琉球新報記者の市村彦二氏の論考でこのような記述があります。

「沖縄の人は日本政府に対し、沖縄県民の痛みをわかって欲しい、小指の痛みでもそれは全身の痛みである、と訴えている。まさにその通りである。しかし、その沖縄は奄美出身者の痛みを自分自身の痛みとしてうけとめようとはしなかった」

琉球時代の歴史とアメリカ統治による分断で、日本本土と沖縄にあった差別が、沖縄と奄美でもあったことがわかります。この時代、沖縄・奄美では自分たちではどうにもできない激動の歴史に揺れた時代があったのです（※5）。

沖縄の苗字

1624年に沖縄の苗字に関して重大な事件が起こります。薩摩藩から琉球に対する苗字に関する命令で、次のような内容でした（※6）。
①日本名の苗字を禁止する
②これにより日本人と琉球人を区別する
③日本名の2字姓は3字姓の苗字に変更する
例：「横田→与古田」「下田→志茂田」「前田→真栄田」など
琉球での苗字事件から約160年後の1785年に、次は薩摩と奄美を区別するために奄美では

2字姓を許可せず、1字姓のみの苗字を許可しました（※7）。

これにより、日本本土には馴染みのない読み方や3文字、1文字の苗字が多くなりました。

現在でも沖縄にくると難読地名や難読苗字が多いですが、実はこのような理由があったからなのですね。

【参考文献・資料】

※1　島田紳助「島田紳助のすべらない沖縄旅行ガイドブック」　2008年
※2　司馬遼太郎「街道をゆく6　沖縄・先島への道」　1975年
※3　大久保潤と篠原章「沖縄の不都合な真実」　2015年
※4　琉球新報「https://ryukyushimpo.jp/statics/html/okinawasen/mn1.html」
※5　佐野眞一「沖縄　だれにも知られたくなかった戦後史　上」　2015年
※6　武智方寛「沖縄苗字のヒミツ」　2011年
※7　奄美博物館　2023年

第4章　沖縄移住計画

1　移住先にどの地域を選ぶ？

沖縄について少し理解が深まったところで、「やっぱり沖縄に移住したい！」と思ったら、次に考えるのは「沖縄のどの地域に住むとよいか？」ということでしょう。

住み続けたい街ランキング

大東建託が発表した「街の幸福度&住み続けたい街ランキング２０２３」の住み続けたい街では、沖縄県の中部の嘉手納町が３位、こちらも中部の北谷町が６位にランクインしました（※１）。

１位が神奈川県の葉山町、２位が兵庫県の芦屋市、５位が鎌倉市という有名どころが上位にランクインしていることを考えると、全国を対象にしたアンケートの中で沖縄の街が10位以内に２か所も入っているというのはすごいことです。

嘉手納町は町の約８割を米空軍基地が占めていることもあり、戦闘機の飛来も多く騒音問題などをよく聞くため、住み続けたい街に選ばれるというのは正直私にとっては意外でした。

理由としては街がコンパクトで利便性が高く、地元住民の方の歴史的な愛着があるのだろうと分析されています。また、「学校給食費の無償化」や「児童生徒の教材費助成」、「子ども医療費無償化を18歳まで拡充」などの子育て支援に力を入れていたり、若い世代や子育て世代などの定住化を図るために「新築住宅等の取得補助金」、「建物除去補助金」、「定住促進奨励金」などの補助金が充実したりしている点も住み続けたいと選ばれる理由なのでしょう。

　6位に選ばれた北谷町は沖縄戦の際に米軍上陸地点となり、たくさんの人が命を落とし、家屋が破壊された悲しい歴史のある場所ですが、戦後に米軍基地となっていた場所が返還されて街をつくったこともあり、現在は美浜アメリカンビレッジという大規模なショッピングモールや、サンエーやイオンなどの大型のショッピングセンターやレストラン、ホテルなどが建ち並んでいます。ビーチも公園もきれいに整備されていますし、医療機関や教育施設なども揃っているので、今では住みやすい街になっています。那覇空港からも車で約40分、さらに30分くらい進むと、リゾート地の恩納村に行けるという利便性が高い地域という点も人気の理由です。

　私自身も嘉手納町、北谷町どちらからも車で15分くらいの沖縄市に住んでいますが、北谷や嘉手納にはショッピングやビーチ遊び、飲食目的でよく訪れます。

街の住みここちランキング

　ちなみに、同じく大東建託が行っている沖縄県版の「街の住みここちランキング２０２３」では、北谷町が5年連続で1位になっています。2位は中城村、3位は豊見城市、4位は北中城村、5位が南風原町という結果なのですが、こちらも5位中の3か所（北谷町、中城村、北中城村）が中部となっています（※2）。

　この結果から見ても、やはり沖縄本島で中部は暮らしやすい人気の場所なのだということがわかります。

ただ、アンケートの居住者コメントを見ると、「スーパーや病院、学校、銀行などの環境が充実している上に、自然もたくさんある」、「若いファミリー世帯が多くて治安がよい」、「ベッドタウンとして住宅街に人が増えて子どもも増えている」とあるので、単身者というよりはファミリー世帯にとって住みやすい街なのだと思います。

3人家族で中部の沖縄市に住んでいる私から見ると、沖縄市に対しても全く同様の見解を持っていますし、そこが移住先を沖縄市に決めたポイントでもあります。

ライフスタイルにより異なる「住みやすい」場所

沖縄に限らずどこの土地でもそうですが、それぞれのライフスタイル、家族構成などによって住みたい場所、住みやすい場所というのは変わってきます。

移住先を探す際、沖縄の賃貸物件は地域によって賃料に大分差が出てくるので、もしすぐに希望の物件が見つからない場合には、一度ウィークリーやマンスリーマンションなど仮の住処をつくってまずは沖縄に住んでみて、実際に生活しながら地域の情報なども得て本住まいを決める、というのも1つの方法です。

マンスリーマンションなどは費用が高く感じられるかもしれませんが、その後きちんとした物件を見つけられるのであれば、長期的にはコストが安くなることもあります。

また、「沖縄に移住する人のうち８割は３年以内に日本本土に帰る」という現実もあるので、移住する際にはいきなり持ち家を選ぶのではなく、賃貸で住み始めるほうが安心です。もし家族構成や希望条件により戸建てがよいという場合には、沖縄では戸建てでも１〜２年など短期的居住の需要もあるため、そういった物件を探してみるとよいでしょう。

なお、国土交通省が２０２３年９月に発表した基準地価（７月１日時点）によると、沖縄県は全用途で４・９％上昇し（全国平均は１・０％上昇）、伸び率が全国首位となりました（※３）。

土地値自体は全体的に値上がりしていますが、後述する土地暴落のリスクもあるため、「購入する」のか「賃貸にする」のかは、価格の変動よりも自分が今後もその土地に住み続けたいかどうかを基準に考えるとよいでしょう。

私が移住先に選んだのは沖縄市でしたが、これは沖縄市が中部で沖縄本島内のどこに行くにも動きやすく、街並みも比較的ゆったりとしていて子どもが遊べるビーチや公園に行きやすい、近くにライカムイオンという大型ショッピングモールやスーパーが複数ある、という点がポイントでした。また、子どもをインターナショナルスクールに通わせたいという希望もあったため、何か所か実際に学校を見学して、車で通いやすそうな場所を探しました。

本土に帰ったり、沖縄県外から親戚や友人が遊びに来たりすることも多いので、那覇に行くにも北部のリゾート地に行くにも１時間くらいの場所に住んでいるのはとても便利です。

実は私の場合は移住を３日で決めました。沖縄旅行中に天気が悪く観光も楽しめないかなと思っていたときに、たまたま沖縄に移住をしていた友人からすすめられて、思い立ってそのままインターナショナルスクールや賃貸物件を探して、自分が気に入る賃貸物件が見つかったため、その場で契約をして、40日後に沖縄に住み始めました。

もちろんそれを隣で見ていた妻からはストップがかかりました。さすがに思いつきのように移住を決めるものではないと思ったようです。ただ、もともと妻には「子どもをインターナショナルスクールに通わせたい」、「自然豊かな環境で子どもを育てたい」という希望があったため、沖縄移住をすればその希望が叶うという話をし、すぐに引っ越しが決まりました。

それほど多くの地域・物件を比較検討したわけではないのですが、結果として沖縄市はとても住みやすく満足しています。

個人的にはファミリー世帯で車もあるなら、中部の中頭郡（読谷村、嘉手納町、北谷町、北中城村、中城村、西原町）、沖縄市、うるま市あたりが住みやすいのではないかと思います。

沖縄県は中学校卒業まで子どもの医療費が無料ですが、嘉手納町では18歳まで無料と補助を拡充していたり、うるま市では独自の給付制度「うるま市子育て世帯生活安定給付金」を設けていて、児童1人につき2万円の給付金が出たりと、子育て支援に力を入れています。

また、２０２３年度では東京圏からうるま市への移住者で就業条件などを満たす場合に支給される移住支援金制度というものもありました。

逆に単身で車がない場合には、公共交通機関が整っている那覇市、浦添市、宜野湾市が住みやす

【図表３　地方移住者が済みたい地域】

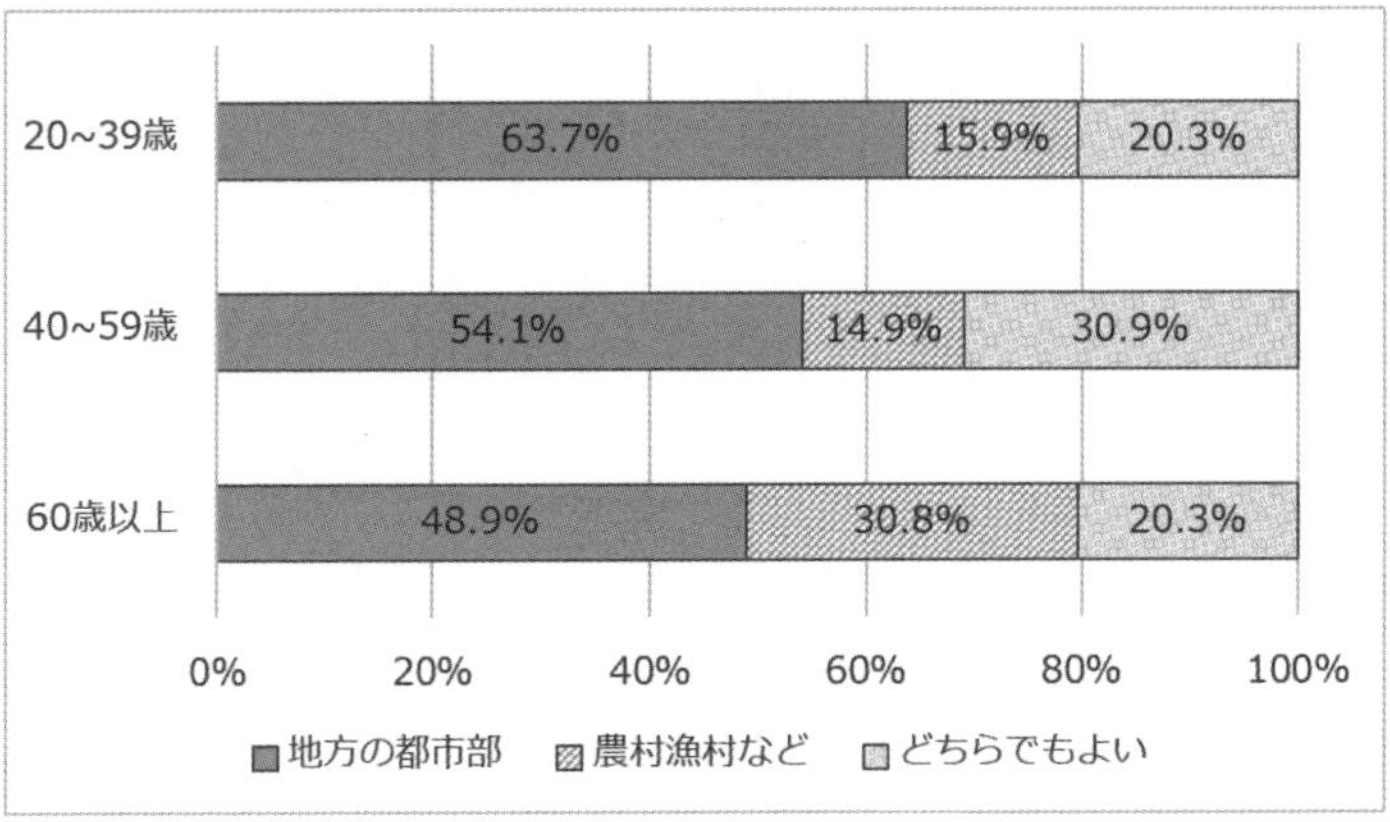

いでしょう。特に関東や関西などの大都市と変わらない利便性が欲しい場合には那覇市がおすすめです。

国土交通省の「国土交通白書２０１５」の「地方移住希望者が住みたい地域」によると20～39歳、40～59歳、60歳以上のどの年代でも「地方の都市部」が人気でした。この結果をみても、やはり利便性は手放せないものなのでしょう（※４）。

那覇市は東京都全体よりも人口密度が多く、「市」の人口密度ランキングでいうと、全国で8位と多いことがうかがえます。また、那覇市は事業所数も沖縄県内で最多なので、移住で職探しをする場合にも働き口は多いでしょう。

なお、ダイビングやシュノーケルなどの海でのアクティビティやサーフィン、ウィンドサーフィンなどマリンスポーツが移住の目的ということであれば、仕事にもよりますがやはり北部に住むと生活が充実するでしょう。

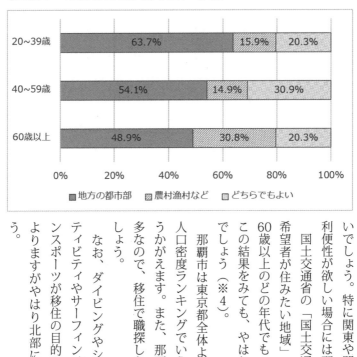

移住に必要な時間

移住をすすめる本の中には週に2～3日だけ通い「試住」という方法なども書かれていますが、沖縄は陸続きではないので「試住」は難しい地域です。思い切って、1～2年住むことを「試住」として捉えて、一気に決めてしまうのも1つの方法です。

ただ、下調べは大切です。沖縄は賃金が安いことは有名ですが、物価は相対的に安くありません。車社会なので車を持つとしたら、ガソリン代や保険料など固定費もかかってきます。

移住した場合にどのくらいの収入になり、どの程度の固定費がかかるのか、まずは計算してみるとよいでしょう。

2　沖縄移住のメリット

自然の豊かさ

沖縄移住の最大のメリットは、自然が豊富でのびのびと暮らすことができる点です。

この後述べるデメリット、不便さに対して、「メリットはそこなの？」と思われるかもしれませんが、数あるデメリットを考慮しても移住に満足させてくれる、このメリットこそが沖縄の一番の魅力なのだと感じています。リゾートバイトをする人が多いのも、沖縄の自然が魅力的だからでしょう。

やはり温暖な気候の中、きれいな海を見て過ごす生活は格別ですし、常緑樹が多く冬の時期も緑で生い茂っている樹木を見ていると、日本本土とは違う特別な気分にさせてくれます。ただ、沖縄の自然あふれる生活に憧れて移住してみた人の中にも、住み始めるときれいな景色も日常となり飽きてしまうのか本土に戻ってしまう人もいますので、そこはやはりそれぞれの好みや事情によるのでしょう。

私の場合は豊かな自然の中で子育てができる生活にとても満足しています。

花粉症がない

毎年花粉症に苦しんでいる人にとっては、スギ花粉・ヒノキ花粉がない沖縄は毎日薬を飲まなくても、マスク・ティッシュなしで生活できる楽園です。コロナ禍でマスク生活が日常的になったとはいえ、目のかゆみ・くしゃみ・鼻づまりといった症状が毎年一定期間ある・ないでは生活の質が変わってきます。

花粉症のある人には本土で花粉が飛ぶ時期だけでも沖縄に来ることを強くおすすめします。

温暖な気候で荷物が最小限にできる

沖縄は1年を通して寒暖差が少ないです。

冬に北風が冷たい日もありますが、天気のよい日は1月でも半袖や薄手の長袖で過ごせたりもします。そのため、洋服など必要なものが少なくて済むというのはメリットです。

ただ、妻は冬服なども楽しみたいようなので、人によってメリット・デメリットとなるかはわかれるところかもしれません。

旅行のしやすさ

離島めぐりについては既に触れたので、その部分は割愛しますが、沖縄本島に住んでいると意外と旅行はしやすいです。

もちろん成田・羽田空港に比べると那覇空港に就航している航空会社は少ないですが、それでもLCCなどを使えば旅費を抑えて旅行に行けますし、日本本土にも帰りやすいです。LCCのタイムセールなどを使えば那覇~東京が片道5590円、那覇~福岡が片道2990円、那覇~大阪も片道4090円、那覇~札幌も片道8990円と格安で国内旅行にも行けます（2024年2月時点ピーチ航空）。

また、第1章でも述べましたが、コロナ禍で運休していた国際便も再開を始め、北京、台湾、韓国、香港、シンガポールなど就航都市も増えてきています。海外クルーズ船の寄港も増えてきているので、沖縄からは空路・海路のいろいろな旅が楽しめます。

私も2023年にピーチ航空で那覇から台湾へ遊びに行きました。移住前にも台湾には何度か遊びに行っていましたが、那覇からですと距離が近くなるので移動時間も短く、気軽に海外旅行を楽しめました。

沖縄近郊の島めぐりだけでなく、県外、国外への旅行もできるので、沖縄へ移住しても旅行に対する不便さは感じないでしょう。

子育てのしやすさ

沖縄はいつでもどこでも子どもに優しい県です。老若男女問わず子どもへ優しい目を向けてくれ、気軽に声を掛けてきてくれます。

横浜に住んでいたときは人間関係というのは希薄で、ほとんどの人は他人の子への関心は薄かったような気がします。公園ができることを反対する人がいる、ベビーカーでバスや電車に乗ると嫌がられる、などのニュースを見るにつけ、子連れだと周りに迷惑をかけないようにと常に気を張って過ごしたり、せっかく声を掛けてくれる人にも警戒してしまったりと心が閉じていたと思います。

しかし、沖縄に移住してみたら、どこに行っても優しく受け入れてもらえて驚きました。

子どもを公園で遊ばせていても、近くで遊んでいるお兄ちゃん・お姉ちゃんが「一緒に遊ぼう」と声を掛けてくれたり、何かできないでいると自然と手伝ってくれようとしたりします。

沖縄は兄弟姉妹が複数人いることが多いので、上の子が下の子の面倒を見るというのが体に染みついているのでしょう。

食事をする際も、都会ではテーブル席しかなくて赤ちゃん連れだと諦めなければいけないお店も多かったりしますが、沖縄の食事処はたいてい座敷があり、小さな子どもがいても安心して食事ができます。

また、公園も多く、日が長いので、気の向いた時間に外遊びができます。

インターナショナルスクールの多さ

第2章でも触れましたが、沖縄はアメリカ統治時代があり、現在も複数の米軍基地があるという歴史的背景もあるのか、人口に対してインターナショナルスクールが多いです。

関東でも幼稚園就学前のプレスクールや幼稚園まではインターナショナルスクールが多くありますが、小学生以上が通える学校は限られています。

それに対し、沖縄本島には中学生まで通えるインターナショナルスクールが約10校あります。数は限られますが、高校・大学まで進める学校もあります。

どの学校もそうですが、インターナショナルスクールにもそれぞれの学校で特色が異なります。

私の場合は、のんびり、のびのびと生活してほしいという思いから、人数が少なすぎず多すぎず、屋外に遊び場があって運動もできそうな学校を選びました。

勉強にとても力を入れていて、進学率も高いインターナショナルスクールもあるそうなので、将来の大学進学などを考えている方は初めから学業重視の学校に入れたりするようです。

ただ、インターナショナルスクールは日本が定めた学校教育法第一条（以下一条校）に則っていないことが多いため、インターナショナルスクールの小学校を卒業しても、日本の中学校（一条校）

に進学できないことがあるので注意が必要です。

たしかに日本の小学校で習う内容とインターナショナルスクールで習う内容は歴史、国語など全く異なるものもあるので、義務教育だからと単純に進級させられないというのも納得です。

一条校として認められているインターナショナルスクールもあるので、日本の中高大学への進学を考えているご家庭は一条校のインターナショナルスクールに通わせるか、そうでない場合は小学校5、6年生の時点で日本の小学校に転校して、日本の中学校に進級しています。

もし一条校ではないインターナショナルスクールを卒業して日本の中学・高校・大学に入学するには、「帰国子女枠」という形で入学できる場合もあります。学校により受け入れは異なるので、進路については学校で相談したり、自分の行きたい学校をよく調べてみることが必要です。もしくは、インターナショナルスクールの高校までを卒業して海外の大学に進学することもできます。

私はそれほど教育熱心なわけではありませんが、誰が教えなくても自然に言語を身につける時期に、英語と日本語が両方普通にある環境の中に身を置いて英語も習得できれば世界が広がるだろうと考えて、娘をインターナショナルスクールに入学させました。

日本語で何かをインターネットで検索する際、英語で同じことを検索してみたら出てくる結果は大きく違うこともあります。そういった日本独特のバイアスを取り払って、日本でも海外でもどこでも生きていけるような大人になってほしいと願っています。

とはいえ現在娘は3歳なので、進路については今後娘の性格や学校の状況などを見ながら考えていこうと思っています。いずれにしても、インターナショナルスクールに通い始めて2年目となる娘は、学校だけでなく家でもほぼ英語を話して過ごしています。

義父母から「日本語でお話して？」と言われるくらい自然に英語が出てくる娘を見ていると、英語を習得するのに大分時間とお金をかけた自分自身と比較して羨ましくなります。

米軍基地内での語学留学

沖縄には米軍基地内でホームスティや語学留学ができるプログラムがあります。海外への語学留学は治安や高額な費用の心配がありますが、日本にいながら海外で生活しているような環境が整うのは素晴らしいです。

また、米軍基地内にあるメリーランド大学やトロイ大学などへ進学することもできます。条件はＴＯＥＦＬの点数などそれぞれ異なりますが、アメリカに行かなくてもアメリカの大学に通って学位を取れることは沖縄移住のメリットとも言えるでしょう。

3　沖縄移住のデメリット

デメリットはあくまで参考

本書は移住をすすめる本ですが、メリット・デメリットをしっかりと理解して見極めることは移住を決断するために大切なので、ここでは私が実感したデメリットを挙げていきます。

今の時代、情報を集めようと思ったら書籍だけでなく、インターネットでブログやＹｏｕＴｕｂｅなど様々な媒体からいくらでも移住に関する知識を得ることができます。実際に私もこの移住をするにあたりＹｏｕＴｕｂｅを観たりインターネットで調べたりしましたが、どちらの情報もデメリットが強く聞こえるように感じました。

ただ、デメリットがわかっていれば対応策を考えることができますから、デメリットはあくまで参考情報として捉えるようにしましょう。

公共交通機関が少ない

まず大きなデメリットとして挙げたい点は、車社会で交通の便が悪いということです。

沖縄の公共交通機関依存度は3・2％と、東京は77・1％、全国平均は29・9％と比較しても極めて低いです（※5）。

モノレールがない地域だと、全てが車での移動になるため、家庭では大人の人数分の車が必要になります。

車を持っていれば特に不便を感じずにどこにでも出歩くことができますが、ガソリン代や保険代、駐車場代など車に関する固定費が増えてしまいます。

もし車の運転が苦手な場合にはモノレールの通っている地域に住むとよいでしょう。

メガバンクがない

基本的には琉球銀行、沖縄銀行がメインバンクとなり、メガバンクは那覇にみずほ銀行しかありません。リモートワークや籍だけを内地に残してくる場合など、メガバンクがないと何かと不便な場合もあります。

湿気との闘い

沖縄の梅雨の時期はとにかく湿気との戦いです。当時私には沖縄の梅雨の酷さについて知識がなかったため、5月末の梅雨の真っただ中に引っ越ししたのですが、なんと受け取った冷蔵庫の中や服・靴などにカビが生えていました。

引っ越し業者の方と話してみたところ、「沖縄は梅雨の時期の湿度が酷いため、除湿器などを回していないと、靴、バッグ、服などの革製品はすべてカビが生える可能性があるから、気を付けたほうがよい」とアドバイスをもらいました。

また、「梅雨の時期はまだそこまで暑くはないため、窓を開けて空気の入れ替えもできるくらいですが、湿気が入ってくるのでやめたほうがよい」とも言われました。

実際のところ、梅雨の時期に窓を開けて換気している家もたくさんあるので、カビ対策も様々なのだと思いますが、梅雨時期に長期家を空けた際、テーブルやソファ、ドアの手すりなどに漏れなくカビが生えていたので、やはり念入りに対策をしないといけません。

電気代が高くつく

湿度が非常に高いというところとも関連するのですが、沖縄では梅雨の期間はずっと除湿を回していたほうがよかったり、長い夏の期間は冷房が必須だったりするので、相対的に電気代が高くなります。

昨今の電気料金引き上げもあるので、電気会社を決める際は電気を使用する時間帯などをシミュレーションし、沖縄電力だけでなく電力自由化で増えてきた会社なども参考にしてみるとよいでしょう。

通販で送料がかかる

通販サイトでの購入時に送料がかかるようになる点も、沖縄移住のデメリットと言えます。

本土に住んでいた際には楽天市場とＡｍａｚｏｎの価格を比較して購入したりしていましたが、沖縄移住後は楽天市場は送料がかかるか、送料無料にするためにある程度の金額になるまで購入しないといけないため、Ａｍａｚｏｎ一択になっています。有料ではありますが、プライム会員になれば送料は無料になるからです。

また、送料はかかっても比較的リーズナブルなイオンネットスーパーなどは現在も利用しています。

とはいえ、イオン、ドン・キホーテ、ニトリ、カインズホーム、コジマ×ビックカメラ、ユニクロ、西松屋などほとんどのチェーン店は沖縄にもあり、だいたいのものは揃うので、車さえあればそこまでの不便さは感じません。
ワンポイントアドバイスではないのですが、沖縄には地元企業の「TODAY O!K」や「ひが家具」などがあります。沖縄は湿度がとても高いのでニトリなどの全国区の大型量販店の家具は向かない場合もあるため、我が家ではダイニングテーブルなどの大型家具は「TODAY O!K」で購入しています。

塩害や台風などによる被害

沖縄は海に囲まれているため、塩害対策のための費用がかかります。

私は海に近い場所で生まれ育ちましたが、特に塩害対策に気を使ったことはありませんでした。しかし、沖縄は台風が通ることが多く海水が舞って吹きつけてくるため、日本本土から移住する場合には車の錆止めやエアコンの錆止めなどが必要になります。また、定期的な洗車も必要です。沖縄で購入する場合には既に対策がされているものがあったりするので、エアコンなどで長年使ったものやそれほど高価ではないものの場合、思い切って移住後に沖縄で買い替えたほうが安く済むこともあります。

また、台風による被害が直接的、間接的に出ることもあります。

2023年にニュースでも大きく取り上げられた台風6号が来たときには、私の住んでいるマンションでは停電・断水が3～4日間続きました。停電が起こったのは夜だったため、初日は何とか自宅で過ごせたものの、翌日になり8月の暑い時期に停電でエアコンもつけられず、台風の雨風のために窓も開けられませんでした。しかも断水によりトイレにも行けないとなると、とても自宅では過ごせず、停電のしていない地域のホテルを転々とすることになりました。

停電がいつ解消するかがわからないので、昼間に一度自宅に戻って状況を確認し、停電しているままならばまた次の宿を探す、というような形で連泊もできなかったため、チェックインまでの時間をどこかで潰さなければならず、体力的にも精神的にも大変でした。

しかも、驚くことに私の住むマンションでは台風により他の階のベランダの手すりが落ちてきて、駐車場に停めてあった私の車にぶつかりバックドアや天井が破損するという事態になりました。

車は車両保険に入っていたため、台風による被害ということで少しの実費で修理はできましたが、自分で起こした事故でもないのに車両保険を使ったことで、翌年からの保険料が上がってしまいますし、余計な出費になります。

また、近所のアパートの窓枠と窓ガラスが飛んだり、そのガラス片を運悪く踏んでしまってパンクをした車があったりと、台風による出費というのはいろいろあるものだなと痛感しました。

水は購入するもの・ＰＦＡＳ問題

移住前も水道水はそのまま飲まず、ブリタでろ過して飲んでいましたが、沖縄ではまた少し状況が変わってきます。

移住後もしばらくブリタを使っていたのですが、テレビで頻繁に飲料水のCMを見かけるため、「水道水は使わずに飲料水は購入したほうがよいのだろうか」と気にしていたところ、2022年に米軍基地周辺の河川や北谷浄水場、公園などの飲料水から有機フッ素化合物PFOS（通称ピーフォス）及びPFOA（通称ピーフォア）が国の目標値を超えて検出されたというニュースがありました。

有害な物質なのだろうとは思ったものの、聞き慣れない言葉なので調べてみると、PFAS（通称ピーファス）というのが4700以上もある有機フッ素化合物の総称のことで、その代表例がPFOSやPFOAということでした。そして、PFOS、PFOAともに自然界では分解されにくく蓄積されやすい性質から「永遠の化学物質」とも呼ばれ、発がん性や高脂血症、低出生体重・骨の異変など子どもの発達への影響などの健康リスクが指摘され、製造や使用が規制されてきていることがわかりました。

しかし、日本の場合はまだ基準値は定められておらず、目標値があるだけです。しかも健康リスクが指摘されてはいるものの、水道水や血中濃度などがどの程度なら健康被害へのリスクは低いのかなどは解明されていないようです。

この出来事の後、沖縄県では2022年に市民団体が米軍基地周辺を含む6市町村7地域の住人を対象にPFASの血中濃度を計る検査を実施し、PFOSはどの市町村でも全国平均を上回り、

ＰＦＯＡは場所により高濃度で検出されたという結果が出ました（※６）。

これらの結果を総合的に判断すると、はっきりとした数値はわかっていないとはいえ永遠の化学物質として体に蓄積されてしまうのであれば、水道水をろ過して使うのではなく飲料水は購入して少しでもそのリスクを減らすしかないように思います。

もちろんこれは沖縄に限った問題ではなく、横須賀基地や横田基地周辺でも起こっていますが、少なくても沖縄に移住する場合には、こういったリスクがあることも考えてみたほうがよいでしょう。

メリット・デメリットを総合的に考える

沖縄に移住したらどんなメリットがあるか、また逆にどんなデメリットがあるのか、ぜひしっかりと考えてみてください。

沖縄移住に限らず、どんな土地に住むにしてもメリット・デメリットというものはあり、しかもそれらは普遍的ものではなく、人によって受け取り方が違ったり、程度が違ったりするものなので、正解があるわけではありません。

私が沖縄移住に満足しているからといって、他の人が必ず満足するわけではありませんし、逆に誰かが幸せに住んでいる場所に私が移住したとしても、私が幸せに感じるかどうかはわかりません。

ただ、人生は一度きりです。生まれ育った場所が自分の居場所と疑問を持たずに過ごしたり、仕事があるから、学校があるから、と今いる土地に縛られたりしていないでしょうか？

本書を手に取っていただいたということは、沖縄に限らず移住を考えられているのかと思うので、ぜひ一度どこに住むことが自分の人生にとってよいか、真剣に考えてみてはどうでしょうか。

私は沖縄を第二の故郷と思ってこの先何十年も生活していくつもりですが、もちろん移住を決めたからといって、そこで一生を終える必要はありません。考えが変わったり、人生の転機が訪れたりすれば、そのときに必要だと思う場所へ向かえばよいのです。

4 海外リゾートに住む？

海外よりも沖縄だった

私たち家族は沖縄移住を決める際に、海外旅行や異文化が好きだということもあり、マレーシアなど東南アジアへの海外移住も考えました。しかし、小さな子どものいる生活となると、病院や学校など様々な手続をすべて英語で、文化や制度の異なる場所で行わなければいけないというのは、小さなストレスが溜まっていくかもしれないと考え、日本語で生活ができる沖縄のほうが適しているだろうという結論に至りました。

日常の買い物にしても、日本であれば店頭で見た価格をインターネットの比較サイトなどで比べてすぐにできるものですが、英語のサイトで比較するとなると時間がかかり、地味にストレスもかかります。

　単身や夫婦２人で健康であればどこにでも行けるという気持ちでいましたが、乳幼児がいると予防接種や風邪、湿疹などで病院にかかることも多く、これらをすべて英語で対応するというのはやはりハンディがあります。また、海外生活ではどうしても治安は気になります。

　逆に単身者やお子様のいないご夫婦、もしくは金銭的に余裕があり日本と海外の二重生活ができるような方であれば、海外移住はとてもよいと思います。

　アメリカに住む友人なども、「海外での生活はできるけれども医療制度とかを考えると、やはり日本に住むのが一番だ」と言っています。今まではありがたいことに健康で病院などには縁がなかったため、保険制度があまり整っていなく医療費が高くつく海外で暮らすデメリットなどは考えたことがなく、先程のメリット、デメリットをきちんと理解してすることができていませんでした。

　そこで思いつく限りの海外移住のメリット、デメリット、そして沖縄移住のメリット、デメリットを考慮した結果、私たち家族の生活には海外よりも沖縄のほうがよいという結論に達しました。

5　沖縄に実際に移住してみて感じること

物価が変わらない（ものによっては高い）

　こちらも有名な話ですが、沖縄は賃金が安いけれども物価は安いわけではなく、むしろ高いと感じることも多いです。沖縄で生産されている野菜などは旬の時期には安いですが、沖縄ではあまり生産されていないものは輸送コストもあるためどうしても高くなりがちです。

沖縄移住後はスーパーで牛乳・ヨーグルトなどの乳製品が高くて驚きました。

総務省が発表している2022年の消費者物価地域差指数によると、総合消費物価指数が一番高い東京都（104・7）に対して沖縄県は23位（99・0）と一見物価が低いかのように見えますが、家賃を除いた場合の消費物価指数を見ると1位の東京都（102・8）にぐっと近づき、沖縄県は8位（100・3）になります。しかも食料だけに絞って見ると、3位の東京（103・0）を抜いて1位（105・3）となります。

この数字だけを見ても、沖縄の物価が都会と変わらない、もしくは高い場合もあるということがわかるでしょう（※7）。

食材の違い

食材が本土と若干違うので、食べるものが少しだけ変わってきます。

道の駅や市場めぐりでも、独特な野菜や果物、色とりどりの魚、豚足、ミミガー、豚の頭など自分ではどのように調理したらよいかわからないものも多く見かけます。

見ているだけでも面白いのですが、野菜などは沖縄産の旬のものはとてもリーズナブルに購入できるので、クックパッドなどを活用して新たな料理にチャレンジするのも楽しいものです。

私は移住前には沖縄そばが好きでしたが、移住後は食べ飽きてしまったのか、それ程好きと思えない時期がありました。

しかし、お店ごとに味つけが違うため、新しいお店を開拓しようと沖縄そばめぐりを始めたところ、一周回って「やっぱり沖縄そばは美味い！」と思うようになりました。

余談ですが、沖縄そばとよくセットになっているジューシー（混ぜご飯）は、沖縄そばをつくる際に余ってしまう肉や出汁などを使っているので廃棄ロスもなくなりますし、そばに合う味になりますし、よいこと尽くしなメニューです。

そして、沖縄はマグロ、肉が安くておいしいです。イオンなどのスーパーでも生本マグロの大トロなどがリーズナブルに購入できます。

本マグロというと青森県の大間や神奈川県の三崎、静岡県の清水や養殖マグロで有名な長崎県などを思い浮かべる方も多いかと思いますが、実は沖縄は全国有数のマグロの産地です。近海に漁場があるため、冷凍保存することなく生で水揚げされるため、甘みのある生のマグロが食べられます。

また、沖縄にはステーキ文化があり、本土で「呑みの締めはラーメン！」というように、沖縄では「呑みの締めはステーキ！」や「ヤギ汁！」という人もいます。

沖縄で牛肉が安く、よく食べる文化があるのは、終戦後のアメリカ統治時代を経て、復帰当時の牛肉の関税が県外は75％に対して沖縄は25％ととても低かったからという歴史的背景があります。

ダイエーの創業者中内功氏は、海外から牛肉を輸入する際には高い関税がかかるが、沖縄には特例措置があることに目を付け、海外から子牛を輸入して沖縄の牧場で飼育して日本本土へ届けるという方法を使い、牛肉の値段を安く抑えて市民の食卓へ届けました。

沖縄の畜産業者と組んで三角貿易をすることで、格安で牛肉を仕入れることができ、それを他社に比べて格安に販売できたために、当時のダイエーは急成長したという話があるほどです（※8）。

その他にもタコスやタコライス、いなりチキン、お弁当など、沖縄ならではの食文化があり、住んでみても飽きずにおいしくいただけるものが多いです。

観光業が盛んな場所だから飲食店が多いということもあるかもしれませんが、地元の人向けの飲食店もたくさんあるので、単身でもファミリー世帯でも食べるところに困ることはありません。

台風時の過ごし方

沖縄料理で有名は「ひらやーちー」や「そーめんちゃんぷるー」は沖縄の台風時の定番料理です。

ひらやーちーは小麦粉・水・ツナ・ニラ、そーめんちゃんぷるーも素麺にツナ・ニラなどの少ない材料で簡単につくれるため、台風時によくつくられています。「平らに焼いた」という意味の「ひらやーちー」は沖縄風お好み焼きとも言われますが、韓国のチヂミによく似ていておいしいです。

また、台風の停電時には車にガソリンを満タンに入れて、そこで涼んだり充電したりもします。これ自体は日本本土の災害時でも同じかと思うのですが、沖縄ならではの点は、台風が去った後にガソリンスタンドに大渋滞ができることです。

沖縄は海に囲まれているため、台風によってまき散らされた海水の塩による塩害を防ぐために、みんなが急いで洗車しに行くそうです。移住後すぐの1年目はこの理由を知らず、「混んでいるときに、わざわざ洗車をしなくてもよいのでは」と不思議に思ったのですが、これを知った後は私も台風の後には必ず洗車をしに行くようになりました。

また、台風前になるとスーパーの食料品棚が空になることが多いので、必要な食品はあらかじめ購入しておくことが重要です。そして停電すると冷蔵庫・冷凍庫の食料品がダメになってしまうため、早めに消費するか一時避難用のクーラーボックスや保冷剤などの準備も大切です。

車社会

元々沖縄が車社会なことは知っていましたが、やはり米軍基地があり海外の人や観光客が多いということから、車社会のあり方も違ってきます。

まず、沖縄は高級車もたくさん走っていますが、かなり年季が入っていたり、事故をしたけれども直していないような車もたくさん走っています。

理由は車の任意保険に加入していないために修理せずに乗っている人が多いからのようです。

また、車に対する感覚がアメリカ人と日本人で違いすぎるのかもしれませんが、実際に車のバンパーが傷つくくらいは何ともないと思っている人も多くいます。

よくYナンバー（米軍関係者の所有する車）には気をつけろと聞きますが、実際に私も駐車場に停めている間に当て逃げにあい、ドライブレコーダーから相手がYナンバーだったことがわかりました。

もちろん運転の上手い人も多いですし、日本人と似たような感覚で車に乗っている人も多いですが、走行車線も逆で、今まで経験してきた交通ルールとは異なる日本に来たとしたら、車の事故をしやすくなるのは当たり前といえば当たり前かもしれません。

ドライブ中にＡＦＮ（米軍ラジオ放送）を聞いていると、コマーシャルで日本での交通事故に関する注意喚起が多いことに気づきます。いろいろな方法で呼びかけをしているので事故件数が減っていくことを願っていますが、Ｙナンバーに限らず、車のあちこちがへこんでいても修理せずにそのまま走っている車も多いことから、そういった車を見かけたらこちらが十分に気をつけて運転しなければいけないなと思うようになりました。

沖縄文化「模合」

「模合（もあい）」という言葉を聞いたことはありますか？

模合とは、ひと言で言うならば昔からある「庶民金融」のことです。

沖縄では仲間で飲む際にお金を出し合って資金を積み立て、１人ずつ順番でそのお金を受け取る模合という文化があります。

受け取ったお金は事業資金として使おうと、趣味に使おうと個人の自由です。

それなら自分自身で積み立てていけばよいではないかと思うかもしれませんが、未だにこの模合は広く行われているので単純に貯金という意味合いではなく、情報交換や交流の場として優れているのでしょう。

実際に「同級生の模合」、「仕事関係の模合」など複数の模合に参加している人も多くいます。同じ業種の仲間が集って飲み会をすることで、仕事の悩みを相談したり解決策が出てくることもありますし、他業種の人と模合をすることで新たな気づきができることもあります。そして何より人との出会いがたくさん生まれます。

私も沖縄移住後にいくつかの模合に参加させてもらうようになりましたが、模合で知り合いも増えました。

移住者向けの模合もあったりするので、沖縄に移住した際にはぜひ1つくらいは模合を経験してみてください。模合に誘われたら信用されている証とも言えますよ。

沖縄の地方新聞「琉球新報」「沖縄タイムス」

沖縄には「琉球新報」と「沖縄タイムス」という地方紙があり、発行部数を競っています。

沖縄全体を包括する新聞社は主にこちらの2社ですが、宮古諸島には「宮古毎日新聞」「宮古新報」、八重山諸島には「八重山毎日新聞」「八重山日報」というローカル紙があります。

どの地方都市でもあることですが、ローカルなニュースを知るにはやはり地方紙を読むとよいです。紙媒体が減ってきた昨今ではオンラインでニュースを読むことができますので、今沖縄で何が起こっているのか、これからどんなことが起こるのかなど情報収集をするとよいでしょう。

沖縄と内地の距離

沖縄に移住すると、友人や親族が遊びに来てくれることも多くなると言いましたが、そうは言っても毎月のように会えるわけではありません。

そのため、沖縄移住をしたら本土の友人に会えなくなり寂しくなってしまうのでは、と思われるかもしれませんが、コロナ禍を乗り越えた現在ではオンライン飲み会も定着しましたし、SNSで繋がり続けることもできるので、心配する程寂しさは感じないでしょう。

逆にSNSは近年の隣人付き合いのような感じなので、もともとは縁もゆかりもない沖縄のグループに飛び込んでみると移住先にも新しい友達が増えてきて楽しいかもしれません。

沖縄移住のススメ

沖縄移住のメリット、デメリット、そして個人的見解もありますが、私が実際に沖縄に移住して感じたことを述べさせてもらいました。

先に移住をした私から1つアドバイスをすると、「期待値を高くしすぎないこと」が大切です。

夢を実現して沖縄移住をしたものの数年で本土へ戻ってしまう理由は、仕事の賃金面や人間関係など千差万別かとは思うのですが、沖縄での生活に対して期待しすぎていることも大きな原因なのだと思います。

旅行で沖縄を訪れた際には誰もが優しくて開放感があって、リラックスできるというイメージを受けるかもしれませんが、観光業が盛んな沖縄では旅行者に対して優しいのはある意味当たり前です。

しかし、生活となるといろいろな人がいますし、よいことばかりがあるわけではありません。「がっかりする」というのは期待値と現実との乖離により起こるものなので、そもそも期待値を高くしすぎていたら、誰しも移住後の生活に落胆することは出てきます。

逆に期待値を高くせずニュートラルな気持ちで移住すると、沖縄のよいところをたくさん見つけることができるでしょう。

総務省によると、２０２３年に受けた移住の相談件数は37万件と、調査を開始した２０１５年以降で過去最多となりました（※９）。

コロナ禍による生活スタイルの変化により、どの世代においても移住を考える人が多くなってきているのでしょう。

また、移住相談窓口に寄せられた関心事としては「住まい」、「仕事」が多くあります。本書を通して、沖縄の住環境や仕事、生活について少しでも懸念事項を取り除いていただけたら嬉しく思います。

【参考文献・資料】

※1　大東建託「街の幸福度&住み続けたい街ランキング2023」
※2　大東建託「街の住みここちランキング&住みたい街ランキング2023」
※3　国土交通省「令和5年都道府県地価調査」
※4　国土交通省「国土交通白書」2015年
※5　前泊博盛「沖縄から考える」2015年
※6　琉球朝日放送　2022年10月18日放送
※7　総務省「消費者物価地域差指数」2022年
※8　佐野眞一「沖縄　だれにも知られたくなかった戦後史　上」2015年
※9　総務省ホームページ「令和4年度における移住相談に関する調査結果」

第5章　基地

1　3K産業（基地）

主産業

沖縄経済は3K産業（基地、公共事業（財政支出）、観光の3つ）で成り立っています。もともとはサトウキビの「KIBI」を1つのKとしていたのですが、本土復帰後に「観光」がとって変わって、現在の3K産業になりました。

ここでは沖縄とは切っても切れない関係の「基地」についてお話ししたいと思います。

沖縄くんの長いピクニック

沖縄の過重な基地負担を表す話で「沖縄くんの長いピクニック」という寓話があります。

沖縄くんの通っている小学校のクラスには47人の生徒がいます。

ある日、47人と先生はピクニックに出かけることにしました。

ピクニックではどういうわけか身体の小さな「沖縄くん」が47人の荷物のうち34個を背負って歩いていています。

この荷物はみんなが安全にピクニックをするために必要な荷物だそうで、この荷物のことを「みんなを守る荷物」とみんなは呼んでいます。

しかし、沖縄くんにはこの荷物があまりに重く、苦しくて、みんなよりもずいぶん遅れて歩いています。

沖縄くんは言います、「先生、もう荷物を持てません。この荷物、本当にこれだけ必要なんでしょうか？」

お弁当の時間になり、先生は少し離れて座っている沖縄くんの前にみんなから少しずつわけてもらった料理を持っていきました。

「沖縄くんだけずるい」「たくさんもらったのだから文句は言うなよな」とクラスメイトは言います。

「このお弁当、みんなが食べている分とそんなに変わらないけどな。身体の大きさの違いを考えても、僕よりたくさん食べている人も何人もいるし……」

食事が終わってみんなが再び歩き始めますが、沖縄くんは相変わらず34個の荷物を背負って、くたくたになりながら歩いています。この荷物、なんだか変な匂いもするし、うるさかったり、変な液が漏れ出てきたり、それらが沖縄くんの肩にぶら下がり、背中に積みあがっていて、とてもつらそうです。

沖縄くんがまた言います、「先生、僕の右腕がうっ血してきました」

先生は心配しながら返します、「沖縄くん、右肩に下げているその荷物、左肩に持ち替えなさい」

「え、でも、すでに左の肩にも荷物下げているんですよ」

「沖縄くん、そんなこと言っていたってしかたないじゃない。背中だって荷物でいっぱいでしょ。右腕が腐ってしまわないために左肩で持つしかないのよ。これしか方法はないの、そうしなさい」

クラスメイトも「そうだよ、そのほうがよいよ」と同意します。

その後もしばらく歩きましたが、腕のうっ血とあまりの疲れで沖縄くんはその場に倒れこんでしまいました。

先生は目に涙をためて怒りを込めて言いました。

「この荷物は許せません」

みんなも言います。

「この荷物は本当にひどいよ」

国土面積が0・6％にすぎない沖縄県に日本全体の70・3％の米軍基地が集中していることを表したシュールな寓話です。

では、日本から米軍基地はなくなるのでしょうか？

2019年時点でアメリカ国外に展開している米兵の数は全部で約16・5万人います。そのうち、規模1位が日本で5・7万人（35％）、3位が韓国で2・7万人、この2か国を足すと8・4万人で全体の51％になります。

次の表は米兵の数の上位5か国になりますが、1〜3位がダントツで多いことがわかります（※

【図表４　アメリカ国外の米兵人数】

順位	国	人数(万人)	%
1	日本	5.7	35%
2	ドイツ	3.5	21%
3	韓国	2.7	16%
4	イタリア	1.2	8%
5	イギリス	0.9	6%
以下略			
合計		16.5	100%

1)。

世界のリーダー国であるアメリカが地政学的に見て、日本や韓国などの東アジアの地域をどれほど重要視しているかがわかります。

では、日本から米軍基地はなくなるのでしょうか？

次のいずれかの代替策がないかぎりは、日本から米軍基地がなくなるとは考えづらいのではないでしょうか。

①日本と同規模で、友好国かつ米軍基地を展開できる国がある
②憲法９条改正および日本が米軍に置き換わる軍隊を配備する
③中国などの共産国がアメリカの脅威ではなくなるほど弱体化する

少なくても現時点では、いずれの代替策も現実的ではありません。

では次に沖縄県外への移設についてですが、いままでも率先して「みんなを守る荷物」を引き受ける県はいないことから、沖縄県が右肩から左肩に荷物を載せかえる程度のやりくりしかできないのが実情と言えます。

【図表5　横田ラプコン」】

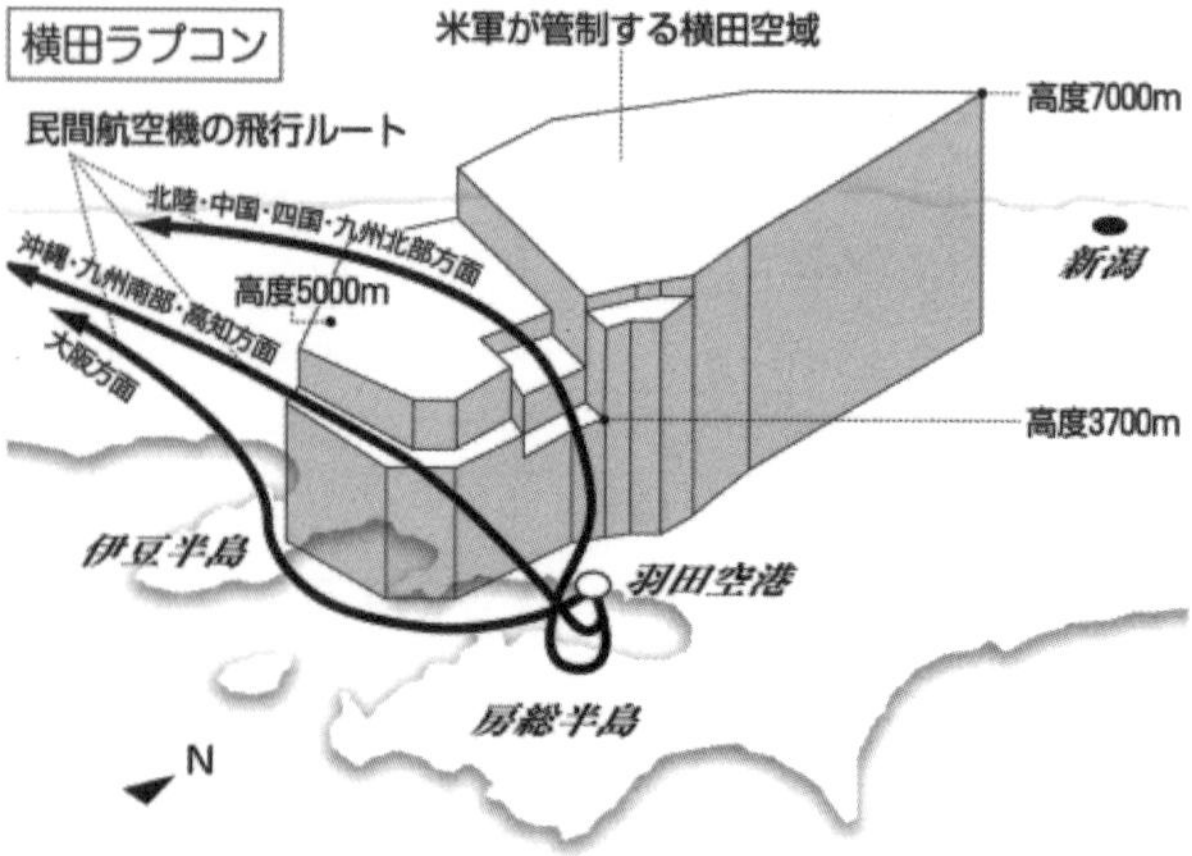

出典：本当は憲法より大切な「日米地位協定入門」

不平等条約である日米地位協定

戦後、日本とアメリカの間で最も重要な法的な取り決めは、日本国憲法やサンフランシスコ条約、日米安保条約ではなく、在日米軍基地を運用する際のさまざまな原則を定めている「日米地位協定」でした。

なぜならこの日米地位協定では、米軍が「基地を使用する権利」ではなく、日本国内とその付近に「基地を配備する権利」が認められているからです。米軍が希望すれば、日本のどこでも基地にできるという、非常に不条理な内容となっているわけです。

その最たる例である日本の首都圏にある巨大な米軍の支配空域を見てみてください。一都八県（東京、栃木、群馬、埼玉、神奈川、新潟、山梨、長野、静岡）の上空が、そのままスッポリと米軍の巨大な支配空域になっています。これは「横田ラ

【図表6　嘉手納ラプコン】

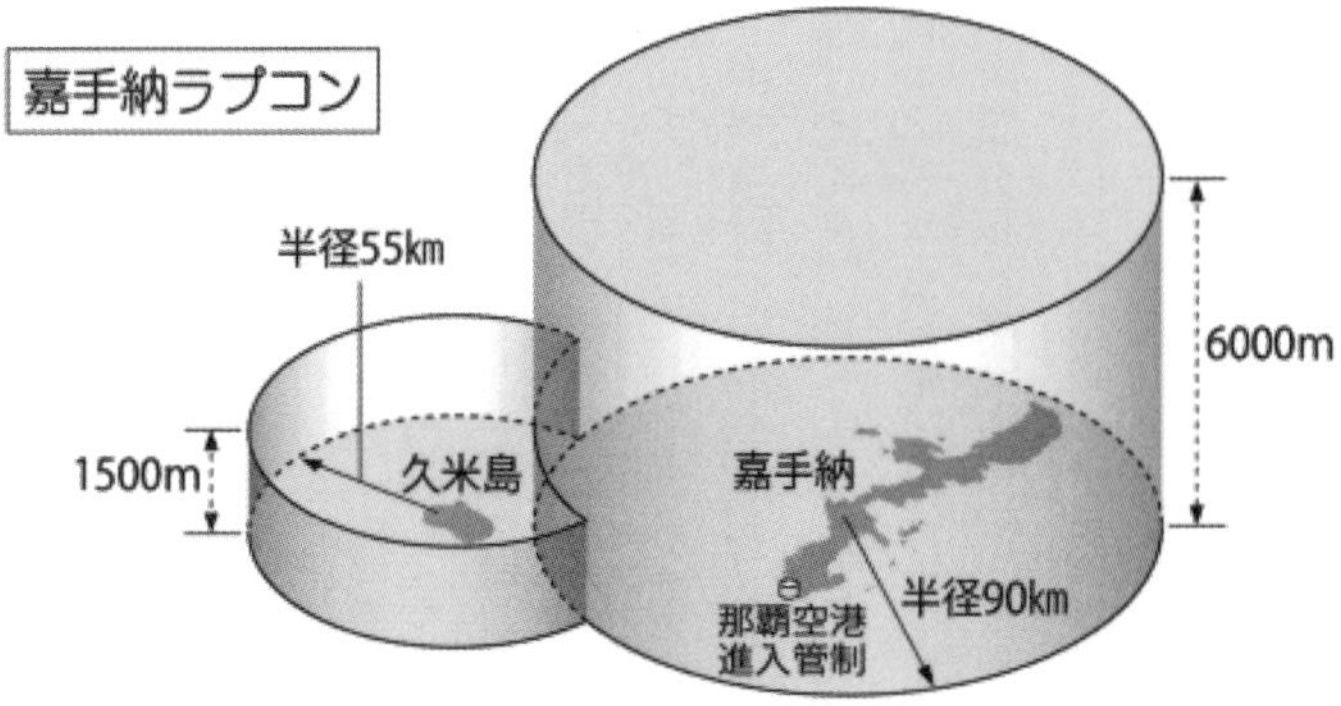

出典:本当は憲法より大切な「日米地位協定入門」

プコン」と呼ばれ、この空域を管理しているのが東京都福生市にある米軍・横田基地です。

日本の航空機は「横田ラプコン」を越えるために、羽田空港から大阪などの西側に向かうときには一度房総半島（千葉）方面に離陸して、急旋回と急上昇を行い4000～5500メートルの高さを越えてからいかなくてはいけません。

利用者は迂回による時間ロスと不要な燃料経費による価格転嫁を強いられているのが現状です。

横田、座間、厚木、横須賀と、都心から30～40km圏内に、首都の東京を取り囲むような形で米軍基地が存在し、首都上空は米軍の支配空域によって上空を制圧されているのです。

沖縄はというと、沖縄本島と久米島上空はすべてが「嘉手納ラプコン」と呼ばれる米軍の支配空域でおおわれています。そのため日本の航空機が飛べるのは半径5km、高度600メートルの小さな空域だけになります。航空機が那覇空港に離着陸する際に、低空飛行をしてきれいな海が見えますが、あれはサービスでやっているわけではなく、そのようにしか飛べないのです（※2）。

2 基地経済

市町村財政における基地関連収入比率

先に述べたように国外、県外への基地移設は非現実的ではあるものの、実際に基地が外に出ていった場合の財政面への影響を沖縄県からの視点で見てみましょう。

まず、市町村財政における基地関連収入は沖縄県全体の財政からみると4％程度、地域ごとに見ると北部12％、中部9％、南部1％、離島1％になります（※3）。

北部地域は基地関連収入への依存があるようで、2011年9月27日の沖縄タイムスには「返還が決まっていた海兵隊基地キャンプ・ハンセン内の山林162ヘクタール（東京ドーム35個分）を継続使用してほしいと、名護市議会が首相や防

【図表7　2019年度　市町村財政における基地関連収入】

（億円）

地域	歳入総額	基地関連収入	比率
北部	**1,074**	**128**	**12%**
中部	**2,378**	**202**	**9%**
南部	**3,543**	**21**	**1%**
離島	**1,308**	**11**	**1%**
総計	**8,303**	**362**	**4%**

【図表8　2019年度　県民総所得と基地関連収入】

（億円）

県民総所得	基地関連収入				
	合計	米軍への財・サービスの提供	軍用地料	基地内労働所得	その他
49,130	2,712	1,127	881	540	163
100%	5.5%	2%	2%	1%	0%

衛相に要請した」という記事がありました。

当初、政府は名護市側からの要求に対して「返さない理由がない」と拒否していましたが、交渉の末に軍用地の返還が延長（２０１４年に一部返還）されました。

この軍用地は１９９８年に返還が決まっていたものの、名護市が辺野古移設を容認する見返りとして継続使用を要求し続け、政府は３回も延長していました（※４）。

この軍用地は名護市の市有地で、年に1億３０００万円の借地料収入が市に入り、さらにこの土地がまたがる３つの行政区に約５０００万円の「分収金」が支払われています。

要は「使っていない１６２ヘクタールの土地をお金を払って借り続けてくれたら、普天間基地の辺野古移設を受け入れてよい」という理屈になっているようです。

県民総所得に占める基地関連収入

次に県民総所得に占める基地関連収入について見てみましょう。

沖縄県の県民総所得（企業含む）は４兆９１３０億円（２０１９年）で、

そのうち、2712億円が基地関連収入です。比率にすると5・5%になります（※3）。

この数字をもとに「沖縄は基地経済に依存していない」と主張できれば基地反対の声が強くなるため、この数字は何度も政治的に利用されてきました。

しかし、数字は主張したいことに寄せて見せることができるので、1つの視点だけを鵜呑みにすることは物事を間違って認識してしまうことにもつながりかねません。

たとえば、こちらの「基地関連収入」は、次の3つの合計額と定義されています。

①米軍などへの財・サービスの提供
②軍用地料
③基地内労働所得

この中には沖縄に米軍基地が集中していることの「見返り」として提供されてきた沖縄振興特別措置法（以下沖振法）に基づく有形無形の年間3000～3500億円の財政支出や補助金、税制優遇、観光プロモーション、政治的配慮によるイベントやプロジェクトなどは含まれていません。

実際には沖縄県に基地が集中していることによる経済的波及効果は「基地関連収入」の数字以外にも多くあり、基地依存はしていないとは一概には言い切れません。

米軍基地面積と比率

しかし、米軍基地面積は沖縄県全土の約8%、22万8100ヘクタール（東京ドーム約5万個分）、沖縄本島で見ると15％、沖縄本島の市街地中心部（中南部都市圏）だけで見ると22・６％を占めているため、基地自体を国外・県外に移設して返還された土地を活用するメリットがあることも理解できます（※５）。

３　基地返還（移設）パニック

生産誘発効果

２０１０年、沖縄県議会事務局による試算では全基地返還がもたらす経済効果（生産誘発額）は年間約９２００億円が見込まれ、政治家や識者はこの数字を根拠に米軍基地がないほうが沖縄の経済ははるかに成長すると主張しています（※４）。

しかし、ここでいう生産誘発額には原材料・仕入などの「中間投入」がダブルカウントされているため、県民総所得（企業含む）が純粋に９２００億円増えるというわけではありません。

粗付加価値率を使って計算しなおすと、実際の県民総所得に対応する数字になり、全基地返還による経済効果は５２００億円になります。

試算をした沖縄県議会事務局も生産誘発額と県民総所得の違いについては認識しているものの、粗付加価値率を使って割りなおした金額はどこにも記載がなく、政治的に都合のよい９２００億円という数字が一人歩きしています。

また、この試算は基地返還跡地にできた那覇新都心（おもろまち）で得られたデータをサンプルにして基地全面返還後の経済効果を出しています。

ただ、サンプルとした那覇新都心（おもろまち）の商業販売額の増加は、国際通りなどの那覇旧都心部の商業販売額から移転された可能性が高いとも考えられます。

試算ではこうした「パイの奪い合い」も考慮して計算していると強調していますが、果たして本当にそうでしょうか。

なぜならば、沖縄は第1次産業、第2次産業が弱く、第2次産業に至っては輸移入超過（赤字）であるため、第3次産業に頼るしかありません。

そうすると、パイの奪い合いではなく県外企業や県外在住者がこぞって沖縄に押しかけてきてお金を使わない限りは、純粋に県民総所得が増加するとは言えません。

たとえば、基地がなくなった場合に所得が減る人は容易に想像できますが、新たな所得が生まれるという想像がつきません。

やはり基地返還後の経済的効果を議論する数字は神話や数字遊びの類だと言えるのではないでしょうか。

土地の大暴落と事業投資

沖縄県内の米軍基地面積は22万8100ヘクタール（東京ドーム約5万個分）で、山林地帯や離島も含むので、都市部だけの返還予定を見てみましょう。

２０１３年、日米両政府が嘉手納基地より南の６区域（約１０５０ヘクタール、東京ドーム約２２０個分）の返還を進める「統合計画」を発表してから、２０２３年で10年が経ちました。この10年で返還されたのは約70ヘクタールで、全体の７％程度にとどまっています。残り９８０ヘクタールの返還も進めていくのですが、その面積は東京都新宿区の約半分ほどの大きさに当たります。

都市部だけでも返還されると、土地価格の暴落により経済の混乱が起きることは想像に難くないでしょう。

さらには、跡地の整備における整備資金（事業投資）をどこが行うかという問題も出てきます。沖縄県内の人や企業の消費活動には限界があるので、県外企業や県外在住者からの投資回収が見込めない限り、事業投資を買って出る企業はあらわれないでしょう。

土地価格が安定しない土地を購入し、回収できるかわからない事業投資を行う企業がいるのか、これらも沖縄県議会事務局の試算には加えられてはいません。

シンプルな視点

もう少しシンプルな形で基地が返還された場合について見ていきましょう。

米軍基地が撤退した場合、沖縄振興予算は減少します。その予算で何かしらの仕事を受けていた企業や個人事業主の売上が減少するのは明らかです。

その企業や個人事業主が同業態・同業種で事業を続けることができたとしても、売上減少分を埋める新規顧客を見つけてくる必要があります。顧客は自然と増えてくるわけではないので、相応の経営努力と難しさを伴い、さらにはパイの奪い合いにもなります。

そもそも、現在の事業と関連する仕事で売上減少分を埋められるかどうかがわかりません。まったく別の業態・業種で代替となる事業をする場合、労働者には新たなスキルや知識が求められるでしょう。政府や行政は米軍基地による影響を受けてきた産業の代替となる産業を見極め、見合う人材の教育や訓練機会の提供を長年かけて行う必要もでてきます。

たとえば、現在は英語を使った職に就いている人も多いでしょう。米軍基地が撤退した上で、同数または同数以上の英語を使った職が残っているとは思えません。現職で使っているスキルや知識ではなく、新たなスキルや知識が求められます。年齢や取り巻く環境によって異なりますが、全員がすぐに新しいスキルや知識を身につけて職につくことはできるのでしょうか。

これから新しく沖縄に引っ越してくる人にとってはどのような職に就くのか、どのようなスキルや知識が求められるのかは大した影響にはならないかもしれませんが、沖縄で生まれ育った、または長く住んでいて現状をうまくやっている人たちにとっては悪い影響となるかもしれません。

基地返還が沖縄経済にもたらす影響は、必ずしもよいことばかりではないこともしっかりと考えていかなければいけません。

4　沖縄基地問題

騒音問題

沖縄県における基地被害は大きく分けて2つあります。

①騒音問題と事故と兵隊による事件
②振興策が生む格差と貧困

①は基地周辺住民に限られ、②は県民全体を巻き込み世代を超えて拡散し、どちらも解決が難しい被害だと言えます。「事故と兵隊による事件」というのは米軍基地のある場所ではよく問題として取り上げられますが、どんな場所に住んでいても残念ながら事件や事故を起こす人はいるものです。

大事には至りませんでしたが、実際に私も沖縄に移住後2年足らずで2度の当て逃げに遭い、相手方は1件は日本人、もう1件は米軍関係者でした。事故や事件に関しては、自分が被害者とならないような対策をしていくしかないので、本書では割愛し、「騒音問題」について触れていきます。

騒音問題の主な被害は、騒音によるストレスや睡眠障害、集中力の低下などが生じ、住民の生活の質に悪影響を与えていることです。

「オスプレイ問題」という言葉を耳にしたことがあるかと思います。オスプレイは老朽化した輸送ヘリＣＨ46の後継機として配備されました。

新規に配備されたものであれば、様々な問題を指摘するのはわかりますが、後継機として代替配備されたのになぜこのように問題視されるのでしょうか。

まず、オスプレイを配備することに対して、墜落や部品落下などの「安全性の懸念」が挙げられます。

また、うるさくて騒がしいという意味での騒音が問題だと思う人もいますが、オスプレイの騒音問題は「低周波音による人体への影響」だと言われています。

人間が聴くことができる可聴音は20～２００００Hz（ヘルツ）で、２００００Hzより高いものを「超音波」、１～１００Hzを「低周波音」、うち20Hzより低いものを「超低周波音」と呼びます。「音が大きな低周波音（低周波騒音）」は自然界には存在しないため、音が大きくHzが低ければ低いほど人体へ悪影響を及ぼします。

もともとの輸送ヘリＣＨ46は１６０Hz周辺、対するオスプレイは50Hz周辺を頂点とする周波数特性があり、低周波騒音であることから基地周辺住民に健康被害を与えています（※６）。

低周波騒音に一時的にさらされることで起きる被害の最も代表的なものは「何となく寝られない」「寝ていても起きてしまう」「圧迫感を感じる」といったものです。さらに長い期間低周波騒音にさらされると、頭痛や手足のしびれなどの症状を発症する例も多く見られます（※７）。

【図表9　2019年度　低周波音騒音による健康被害】

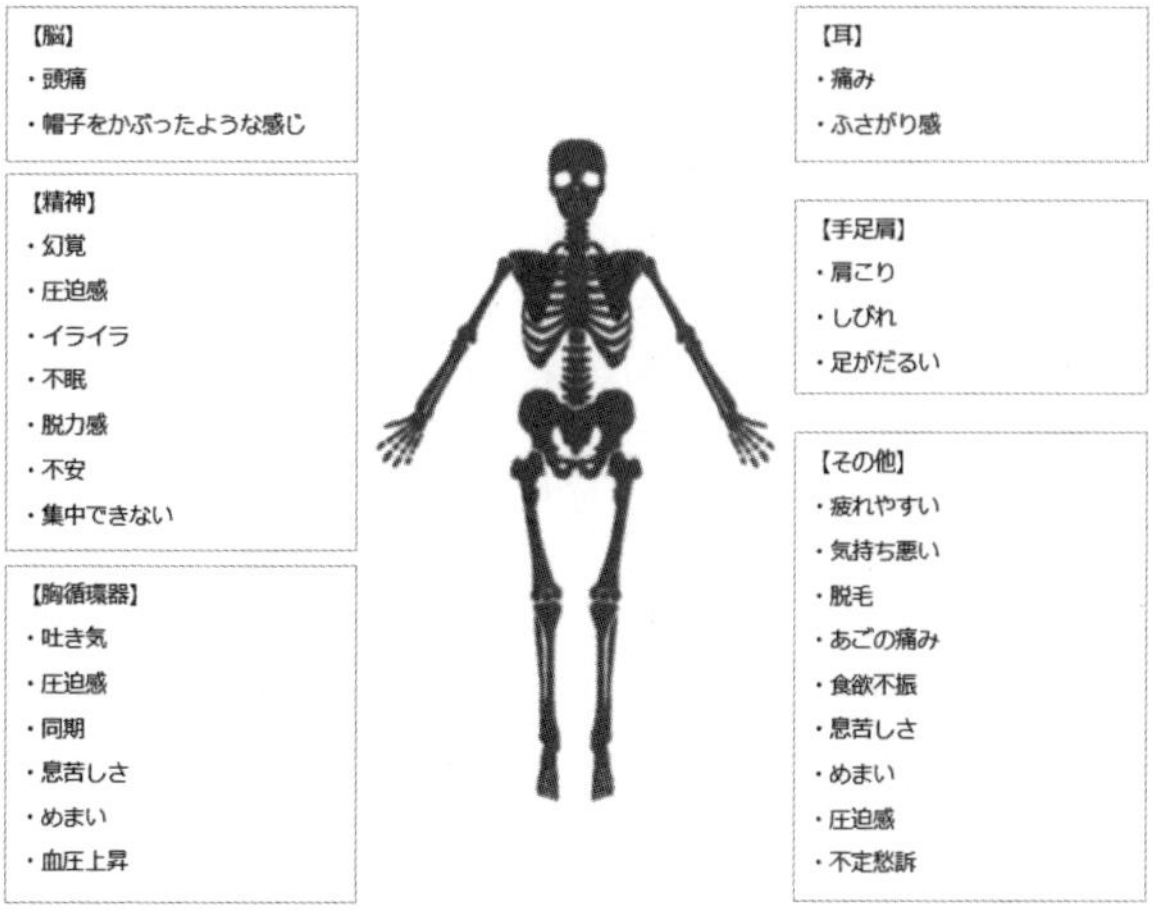

振興策による格差社会

次に振興策が生む格差と貧困の問題です。後述する振興策は多額の税金を注ぎ込んで実施されてきましたが、目立った産業をつくることができず、地場の大企業と一部産業のみを潤しました。

これらの振興策による税金は公民館やホール、公園や野球場、運動施設、大規模な観光施設などに使われましたが、中小企業や個人には回らず労使関係をゆがめることになりました。

沖縄では日本本土の大企業に対して排他的な人もいることから、地場の大企業の独占が強く、また中小企業の数が多いことが特徴的です。

日本銀行那覇支店が2009年11月に書いたレビューに、沖縄が全国一の低賃金である背景について、次のような分析がありました（※8）。

「企業業績の悪化を受けて、所得環境面では、賞与のみならず、所定内給与のカットにまで着手せざ

【図表10　都道府県別－所得（全所得を含む）1000万円以上の人の割合】

上位10

順位	都道府県	割合
1位	東京	12.0%
2位	神奈川	8.2%
3位	愛知	7.3%
4位	大阪	6.8%
5位	京都	6.6%
6位	兵庫	6.5%
7位	千葉	6.3%
8位	埼玉	5.8%
9位	沖縄	5.8%
10位	奈良	5.8%

下位10

順位	都道府県	割合
38位	長野	3.6%
39位	新潟	3.6%
40位	山口	3.6%
41位	佐賀	3.3%
42位	鳥取	3.2%
43位	島根	3.2%
44位	青森	3.1%
45位	山形	3.0%
46位	岩手	3.0%
47位	秋田	2.6%

るを得ない先が少なくなく、雇用者所得は前年割れが続いている。こうした賃金調整等が容易に行われる背景として、県内ではオーナー企業や中小企業の割合が高いこともあって労働組合の組織率が全国比で低いことが一因として挙げられる。この結果、雇用・賃金に関する経営サイドからの不利益案件が、大きな抵抗もなく実行されており、こうした労使関係の枠組みが、県内の労働分配率の低さなどといった取得環境の悪化につながっている」

たとえば、不景気になったときには、経営者は社員の所定内給与に手を付け、会社の取り分を守ることができるということです。

2019年の沖縄のジニ係数（高くなるほど貧富の差があることを示す）は0・332と全国1位です（※9）。

さらに、全国一失業率が高く、最低賃金や平均所得が低い沖縄ですが、実は所得が1000万円以上の人の割合は5・8％と高く、全国で9位に位置しています（※10）。

これらの実情を勘案すると、労働分配率が低い環境に振興予算を投じたとしても、労働者の給与を増やすことは難しいのではないでしょうか。

格差社会の問題点

では、そもそもなぜ格差社会がいけないのでしょうか。改めて見ていきましょう。

①貧富の差

富裕層と貧困層との間に大きな経済的差が生じ、これにより、特定の人々が豊かさや機会に恵まれ、他の人々は基本的な生活を満たすのにも苦労するという状況が生まれやすくなります。

②機会の不均等

医療、教育、雇用などの重要な分野での機会に不均等が起こります。

たとえば、貧困層は十分な医療や健康ケア、保険を受けることが難しくなり、これは健康格差を引き起こします。

また、高品質な教育を受けられるのが一部の人々に制限され、これが将来のキャリアや成功に影響を与えて、格差がさらに拡がることになります。

さらに経済的な制約で、出自によって個々の人が成功する機会にも格差が生じます。

③社会的不安定

貧困や不平等が広がると、社会の不満や不平等感が高まり、村や町など所属する社会単位で緊張が生じやすくなります。

昔から多くの国や地域では格差削減のための政策やプログラムの導入が検討されています。しかし、沖縄県は２０２２年度から振興策を10年継続することになり、今後もさらに格差を広げる政策が続いていきます。

【参考文献・資料】

※１　沖縄県　地位協定ポータルサイト
※２　前泊博盛「本当は憲法より大切な「日米地位協定入門」」　２０１７年
※３　沖縄県　沖縄の米軍及び自衛隊基地（統計資料集）２０２１年
※４　大久保潤と篠原章「沖縄の不都合な真実」　２０１５年
※５　沖縄県「沖縄から伝えたい。米軍基地の話。」　２０２０年
※６　日本音響エンジニアリング「ＭＶ‐22オスプレイの低周波音について」　２０１３年
※７　日本騒音調査ソーチョー
※８　大久保潤と篠原章「沖縄の不都合な真実」　２０１５年
※９　政府統計ポータルサイト e-Stat
※10　第１４５回国税庁統計年報　令和元年度版

第6章　経済と仕事

1　沖縄の経済

沖縄の高度成長時代

沖縄の高度成長期は、日本本土のそれと時をほぼ同じくして１９５５～１９７３年までの19年間でした（沖縄は１９７２年に日本に復帰）。

このとき、沖縄は80万人から96万人（20％増）に、日本全体で９００８万人から1億０８７０万人（21％増）とほぼ同水準で人口が増加しています。

沖縄の高度成長期の収入はというと、「サトウキビ・ブーム」や「ベトナム特需」、米軍関係収入や日米両政府からの援助というものがほとんどでした。

日本政府の施策により、サトウキビ・ブームは１９５９年に起こり１９６５年をピークに衰退していきます。その間、１９６３年にキューバ危機で国際糖価が高騰するなど収益性は極めて高いものとなりました。

また、時を同じくしてベトナム戦争（１９６０～１９７５年）が１９６５年から本格化し、米軍の物資調達および基地周辺の歓楽街がにぎわうなど、ベトナム特需と言われる収入も高まりました（※1）。

このように沖縄の高度成長を見ると、「国際糖価の高騰」や「ベトナム戦争」といった外部要因によって高度成長が実現したことがわかります。

これに対して日本本土の高度成長では、設備投資や内需の拡大が相互補強しながら、自律的に成長を遂げていきました。

沖縄と日本本土の両方でほぼ同時期に高度成長期は起こりましたが、沖縄の場合は２つの一時的な「ブーム」と日米両政府による財政援助によってなされたもので、実際には現在もまだ「復興の途中」にとどまっています。

こうした構造は今日でも「沖縄振興」や「輸移入超過（赤字）」といった形で沖縄に残り続けています。

2　沖縄振興

沖縄振興とは

内閣府のホームページに沖縄振興について、このように記載されています。

「内閣府では、沖縄の抱えている特殊事情に鑑み、国の責務として沖縄振興に取り組んでいます。具体的には、内閣総理大臣が沖縄振興基本方針を策定し、これに基づき沖縄振興計画が策定（沖縄県知事）され、同計画に基づいて、内閣府に一括計上された予算により事業を推進するなど特別の措置を講じます。

【図表11　沖縄の特殊事情】

沖縄の特殊事情
①歴史的事情 先の大戦における苛烈な戦禍。 （県民の約4人に1人に当たる約9.4万人の一般住民が死亡。　計20万人の犠牲。） その後、四半世紀（27年間）に及ぶ米軍の占領・統治。
②地理的事情 東西1,000km、南北400kmの広大な海域に多数の離島が点在し、本土から遠隔。
③社会的事情 国土面積の0.6%の県土に在日米軍専用施設・区域の70.3%が集中。
④自然的事情 わが国でもまれな亜熱帯・海洋性気候。台風常襲・深刻な塩害等。

この特別の措置により、沖縄の自主性を尊重しつつ、その総合的かつ計画的な振興を図り、沖縄の自立的発展に資するとともに、沖縄の豊かな住民生活の実現に寄与することを目指しています。

「沖縄の抱えている特殊事情」とは、図表11であると同ホームページにて公表されています。

地域振興については、他にも次の法律が実施されました。

- ●北海道開発法（１９５０年）
- ●離島振興法（１９５３年）
- ●山村振興法（１９６５年）
- ●半島振興法（１９８５年）
- ●特定農山村法（１９９３年）
- ●過疎地域自立促進特別促進法（２０００年）

国が特定の地域などに予算を充てて活性化していくことを目的としています。

沖縄振興の予算として、過去20年で年間２３００～３５００億円の予算が計上され、近年では３０００億円台

【図表 12　沖縄振興計画】

名称	沖縄振興開発計画 (第1次－第3次)	沖縄振興計画 (沖縄経済振興21世紀プラン)	沖縄振興計画 (沖縄21世紀ビジョン)	沖縄振興計画 (新・沖縄21世紀ビジョン)
根拠法令	沖縄振興開発特別措置法	沖縄振興特別措置法	(改正)沖縄振興特別措置法	(改正)沖縄振興特別措置法
計画期間	1972～2001年	2002～2011年	2012～2021	2022～現在
計画目標	**本土との格差の是正** 自立的発展の基礎条件の整備	**自立的発展の基礎条件の整備** 日本・アジア・太平洋地域の発展に寄与する沖縄の創造	**自立的発展の基礎条件の整備** 日本の発展に寄与する新生沖縄の創造	**自立的発展の基礎条件の整備** SDGsの取り入れ

を推移しています。

沖振法は10年間の「時限立法」で、これまで10年の期限が近づくごとに、沖縄側から特別措置の継続を国に「お願い」することを繰り返し、最近では２０２２年に10年間の継続延長となりました。

「本土との格差是正」と「自立的発展の基礎条件の整備」

次に沖振法の計画目標を見ていきましょう。

１９７２～２００１年までの30年間は「本土との格差是正」が目標の軸に置かれ、ダム、港、空港、道路などの社会インフラ整備が進められました。

２００２年以降は「自立的発展の基礎条件の整備」が軸となり、各種経済指標は改善してきていますがいまだ課題が残っていると言えます。

たとえば、１人当たりの県民所得は徐々に増えており２０１８年時点（コロナ禍の影響を除くため）で２４０万円ですが、都道府県別では全国最下位であり、全国平均の３２０万円と比較すると75％の水準にとどまっています。

また、沖振法では「主に国から財政支出して社会インフラ整備を行ってきた」ため、県民総所得に占める財政依存の割合は60％と高い割合になっています（※２）。

【図表13　１人当たり県民所得と全国比較】

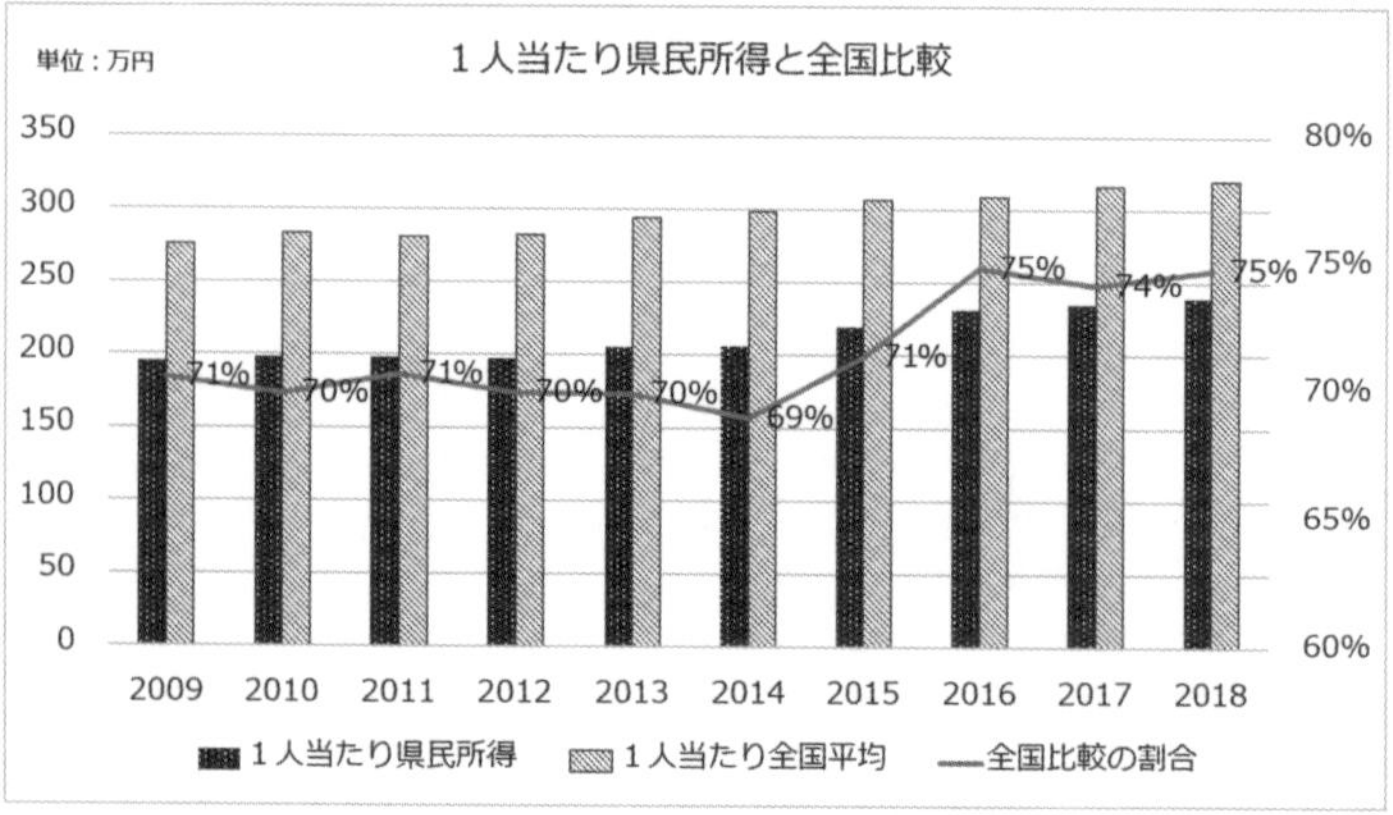

次に、２０１２〜２０２１年までの基本計画を見直してみましょう。

こちらも「自立的発展の基礎条件の整備」は同じですが、さらに次のような内容が挙げられています。

「「自立」の指針のもと、成長エンジンともいえる移出型産業を地域経済成長の動因として組み込むと同時に、経済を安定的に保つ翼として例えられる域内産業を成長の翼として機能させ、自立型経済の構築を図ります」

「域内産業」とは、地域内を主な販売市場としている産業で、「建設、小売、対個人サービス、公共、公務、金融保険（支店、営業所）、不動産などが該当します。また、「移出型産業」とは「海外への輸出」と「県外への移出」のことを指します。

では、実際に輸移出がどれほどになっていたのかをグラフで確認してみます（※３）。

【図表14　輸移出について】

百万円

産業	県収支（輸移出－輸移入）
食料品・たばこ・飲料	-178,367
電気機械	-161,538
輸送機械	-156,782
化学製品	-138,917
石油製品・石炭製品	-134,426
対事業所サービス	-129,557
その他の製造工業製品	-98,195
情報通信	-97,164
一般機械	-88,865
商業	-88,629
鉱業	-70,480
金属製品	-67,315
金融・保険	-61,305
繊維製品	-38,203
製材・木製品・家具	-36,492
鉄鋼	-34,883
パルプ・紙・紙加工品	-26,770
窯業・土石製品	-25,868

産業	県収支（輸移出－輸移入）
精密機械	-23,531
教育・研究	-20,432
非鉄金属	-13,426
建築及び補修	-1,720
林業	-1,656
土木建設	0
公務	0
その他	18
医療・保健・社会保障・介護	905
その他の公共サービス	2,421
農業	2,958
水道・廃棄物処理	4,933
不動産	4,999
漁業	8,045
電気・ガス・熱供給	19,050
対個人サービス	205,806
運輸・郵便	314,720
合計	-1,130,666

輸移出が輸移入より大きければ輸移出超過（黒字）であり、地域内で消費する以上に生産しており、地域外からお金を稼いでいる産業だと言えます。

一方、輸移入が輸移出より大きければ輸移入超過（赤字）であり、地域内の消費を満たす域内生産がなく域外に生産を依存している産業だと言えます。

その視点から見ると沖縄は多くの産業で域外に依存している状態で、第２次産業（工業）は県収支がマイナスであり、第１次産業（農林水産業）はわずかにプラス、第３次産業（商業）がプラスです（図表14）。

第１～３次の県全体の合計を見ると、大きく赤字になっていることがわかります（図表15）。

また、１９９５年以降５年ごとの県収支で見てみても、どの時期をとっても大きな赤字になっています（図表16）。

沖振法は２０２２年度から10年間継続延長され、新たに「新・沖縄21世紀ビジョン」が掲げられました。

【図表 15　産業別輸移出】

百万円

産業	県収支 （輸移出－輸移入）
第１次産業	9,347
第２次産業	-1,295,778
第３次産業	155,765
合計	-1,130,666

【図表 16　県収支と前回比％】

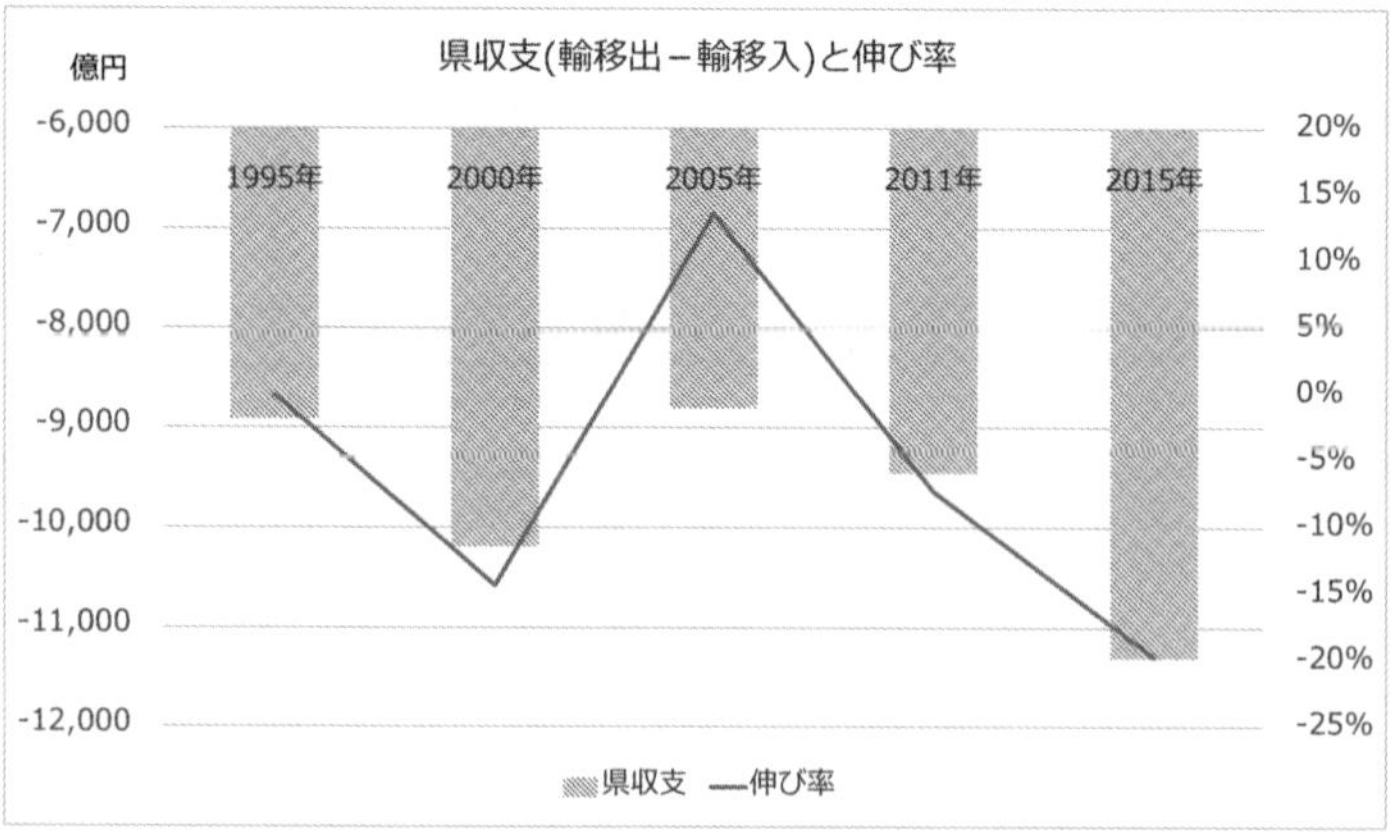

そこには、それまであった「成長エンジンともいえる移出型産業を地域経済成長の動因として組み込む」という言葉がなくなり、「SDGs」を全面に出して次のようになりました。

「計画の特徴は、SDGsを取り入れ、これまでの沖縄振興の柱であった「社会」と「経済」の2つの基軸に、新たに「環境」の枠組みを加え、社会・経済・環境の3つの枠組みに対応する形で、「誰一人取り残すことのない優しい社会」の形成、「強くしなやかな自立型経済」の構築、「持続可能な海洋島嶼圏」の形成の基軸的な3つの基本方向を示すとともに、施策展開の基本的指針として「安全・安心で幸福が実感できる島」の形成を掲げた点にあります」

今までの「成長エンジンともいえる移出型産業を地域経済成長の動因として組み込む」などの具体的なものがなくなり、ふんわりと宙に浮いてしまったような印象を受けます。

SDGsが取り入れられることによって、なぜ「移出型産業を〜」が計画から消え去ってしまったのでしょうか。「移出型産業を〜」はすでに達成されたために計画からなくなったというのでしょうか。数字を追う限りでは達成していないにもかかわらず、突如消えてしまったことが不思議でなりません。

沖振法がスタートした1972年から今でも「自立的発展の基礎条件の整備」は計画目標に含まれていますが、「数字目標」が存在しないことにも違和感を覚えます。

それではさらに沖縄の産業には「まだ伸びしろがあるのか」という点について、より細かく見ていきます。

沖縄で第1・2次産業が伸びない理由

改めて沖縄で第1次・第2次産業が伸びない理由を見ていきましょう。

まず、第一には地理的条件があります。

沖縄は日本本土から離れた島嶼県であるため、交通や物流には制約があります。

農産物や水産物、産業品などの輸送コストは必然的に高くなり、県外に輸出をすると競争力のある価格で市場へ供給することが難しいことが、競争社会の中では非常に不利な点だと言えます。

ドルへの切り替えと自由貿易化

次に、アメリカ統治下での経済政策による影響がありました。

アメリカ統治時代、沖縄では米軍が発行する緊急通貨であるB型軍票（以下B円）が流通していました。

戦後、基地建設やスクラップ輸出で多くのお金が沖縄に入ってきましたが、1950年代には基地建設がひと段落します。在沖米軍は沖縄の産業振興をしなくてはいけない立場にあるのですが、東西冷戦が激化する中でヨーロッパ諸国に経済援助をしていたため、アメリカ本国の資金も底をついて、沖縄にお金が回せない状況になっていました。

そこで外資を呼び込んで沖縄の産業振興をはかろうとします。

しかし、B円が流通しているような経済が不安定なところに外資は入ってこないので、沖縄の法定通貨をドルに切り替えて外資を呼び込むことにしました。

１９５８年にドルへの切り替えを行い、同時に貿易の自由化が行われました。

日本本土では国内産業保護の立場から輸入制限をしていた時代（日本の貿易自由化率は20％）でしたが、沖縄は外資呼び込みに注力したことで貿易自由化が進み、これにより外資と多くの輸入商品が入ってくることになります。

つまり、本土で高い関税障壁をもうけて輸入を制限することで国内産業の育成をはかっていたこととは対照的に、沖縄では外国商品があふれかえり、地場産業が育つ環境がなくなってしまったのです（※４）。

スケールメリットの欠如

他にもアメリカ統治時代に産業の基礎体力がつかなかった施策として、自由競争化がありました。アメリカでは終戦直後の１９４７年に独占禁止法が制定され、沖縄という小さな市場の中でも自由競争の世界をつくろうとしました。

たとえば、琉球銀行に対抗する沖縄銀行をつくり、琉球火災、沖縄生命に対抗する沖縄火災、琉球生命をつくるなど、自由競争を重視するがゆえにスケールメリットが意識されませんでした。

スケールメリットとは、多店舗展開などビジネス上で生産や販売、経営、事業などそれぞれの規模を大きくしていくことで経営の効率化やコスト軽減、知名度を上げるなど、単体よりもメリットを得られることを指します。

沖縄では、スケールメリットを重視して各企業・団体が大きく育つようにするよりも、同業他社をつくって競争させようとしたため、それぞれの産業の基礎体力がつきませんでした。

また、戦後に金融機関の復興が遅れたこともあり、企業が融資を受けて事業規模を拡大するなどが難しかったことも大きな要因としてあります。

日本に復帰した後も日本本土の銀行は沖縄への支店開設を見合わせる動きがありました。当時は支店を出すには大蔵省の許認可が必要だったことから、年に1～2店舗しかつくれない状況にあったのです。そんな中では復帰後の沖縄に支店を出すよりも、日本本土の効率がよい場所への支店展開を選んだのは必然であったのでしょう。

現在でも沖縄にあるメガバンクはみずほ銀行の1行だけで、地方銀行として琉球銀行、沖縄銀行、海邦銀行の3行、信用金庫はコザ信用金庫の1行のみとなっています。

このような理由から、沖縄では自分たちでお金を貸しあう庶民金融の模合（もあい）が流行しました。

日本本土における東日本の無尽講（むじんこう）、西日本の頼母子講（たのもしこう）に相当する相互扶助を目的とした、いまでいうマイクロファイナンスです（マイクロファイナンスとは「貧困層や低所得者、失業者など銀行から融資を受けられない人に対し、無担保で小口資金を提供する金融サービスのことで、バングラディッシュのグラミン銀行（2006年にノーベル平和賞を受賞）

【図表17　沖縄と日本の産業別就業者数比率】

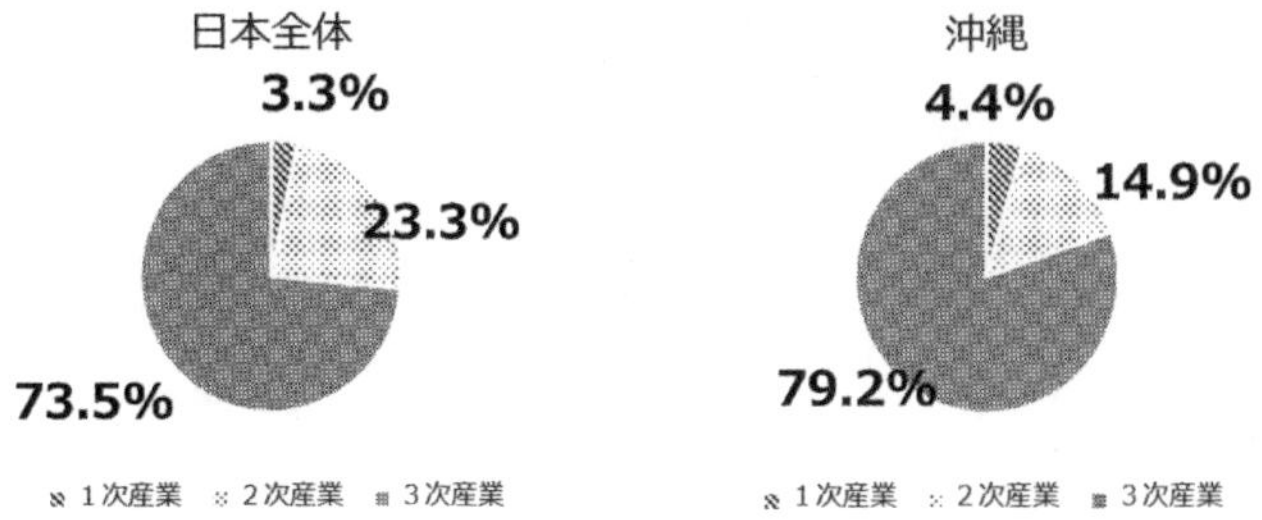

が有名」)。

模合の歴史は古く、１７００年代から琉球王国に存在したようですが、１９１０年代に無尽業法や模合取締規則などによって少なくなりました。

しかし、戦後の金融機関復興が遅かった沖縄と奄美大島では実需として再流行しました。また、海外移民が多かった沖縄の人は移民先で融資を受けることが難しかったため、起業資金などにもこの模合を利用していました。

それでは第３次産業は

沖縄経済は３Ｋ産業（基地、公共事業（財政支出）、観光の３つ）で成り立っています。そのうち「基地」と「公共事業（財政支出）」は政治的、行政的な処置によるものなので、「観光業（第３次産業）」が沖縄の純粋な主産業になります。

産業別就業者の就業者数比率を見てみると、日本全体に比べて沖縄では第２次産業が少なく、観光業を含む第３次産業の就業者比率が高いことがわかります（※５、※６）。

ただ、第3次産業は労働集約型（人間の労働力に依存する割合が大きい）産業で、製造業に比べて生産性や付加価値が低くなりがちな傾向にあります。

そのため、沖縄県の所得割合は200万円以下の給与所得者が約半分（47・1％）を占めており、全国（33・4％）と比べて低所得者の割合が高いことがわかります（※7）。

3　沖縄で働く

仕事の選び方

沖縄に移住したけれどUターンで本土に帰ってしまう主な理由は「低賃金」によるところが多くあります。

所得200万円以下などの低賃金の職が多い中で、移住後も「今までやっていた仕事」や「やりたい仕事」、「募集が多い仕事」を選んでしまうのは少し危険かもしれません。

【図表18　所得（給与所得のみ）割合】

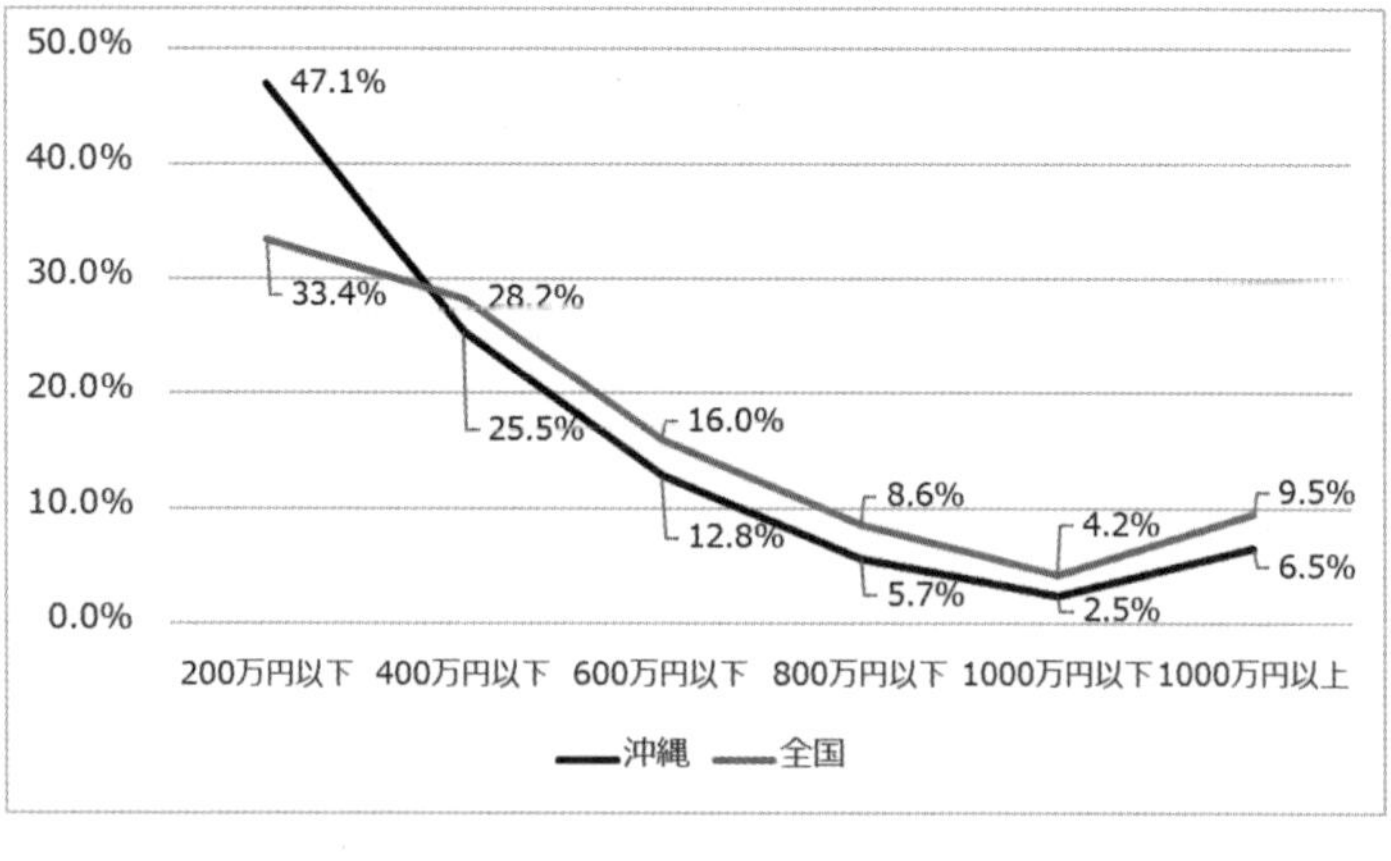

また、一般企業の昇給率は年２％程度と言われているので、最初に給与の低い職に就いてしまうと、努力したとしても満足のいく給与をもらうことは難しいかもしれません。

仕事選びに失敗をしないためにも、俯瞰して産業ごとの年収を見てみましょう（※８）。

【図表19　産業別年収（規模５人以上）】

産業	年収
電気・ガス業	690
教育・学習支援業	501
金融業・保険業	437
運輸業・郵便業	388
複合サービス事業	375
建設業	369
情報通信業	364
学術研究等	352
医療・福祉	324
不動産・物品賃貸業	296
製造業	266
生活関連サービス等	258
卸売業・小売業	211
その他のサービス業	199
飲食サービス業等	164

【図表20　仕事の選び方】

	給与が高い	給与が低い
やりたい仕事	◎ 一番よい	△ やりたいことを重視
やりたくない仕事	△ 金銭面を重視	×

やりたい仕事か給与か

「やりたい仕事を選ぶ」というのも、もちろん誤りではありません。

1日の中で睡眠時間を8時間、仕事が8時間だとすると、起きている時間の50％は仕事をしていることになります。そんな中でお金を優先して「やりたくない仕事」をするというのも人生において正しい選択とは言えないからです。

昼間に「やりたい仕事」で賃金が低い企業に勤めたとしても、たとえば夜や休日は飲食店でバイトをするなどダブルワークをすれば、収入も増えますし移住後でも知り合いがたくさんできて楽しいかもしれません。

リモートワーク

また、移住前にリモートワークができる企業に就職してから移住をするという方法もあります。

リモートワークはコロナ禍になり社会に浸透しましたが、日本全体で２０２１〜２０２３年の３年間はほぼ横ばいで２０２３年が14・６％でした（※９）。

【図表21　対象の企業数】

地域	リモート実施率	フルリモート&年に数回出社	対象の企業
東京	29.8%	33.0%	9.8%
関東地域	21.5%		7.1%
全国	14.6%		4.8%

その中でも関東地域の実施率は21・5%、東京は29・8%となります。

ただ、リモートワークの中には「週に1回はオフィスへの出勤が必要」「打合せが必要な都度、オフィスへ出社が必要」など出社を求められる場合もあります。

沖縄から他県へ行くには飛行機移動となるため、そういった出社を求められるケースは除外し「フルリモート」の会社や「年に数回出社」するような会社を選ぶ必要が出てきます。

リモートワークの中で「フルリモート」が25・9%、「年に数回出社」が7・1%、「月に数回出社」が17・6%です（※10）。

よって、「フルリモート」と「年に数回出社」だけを対象とすると、東京でも9・8%となります。

一見すると狭き門にも思えますが、「フルリモート求人」で検索すると多くの案件がヒットし、求人サイトによりますが3万件以上のフルリモート案件の求人が載っているサイトもあります。

「やりたい仕事」で「給与が高い」仕事を見つけるために、沖縄で仕事を探すのか、リモートの仕事を探すのか、沖縄の経済を俯瞰してみて、産業構造はどうなっているのか、そもそも給与の高い産業はどこなのかを見ながら探してみることが、失敗しない仕事選びにつながるかもしれません。
自分の優先順位と合わせて仕事を選んでみてください。

【参考文献・資料】

※1　沖縄国際大学「第2版　沖縄経済入門」　２０２０年

※2　沖縄県　平成30年度県民経済計算

※3　沖縄県　産業連関表

※4　佐野眞一「沖縄　だれにも知られたくなかった戦後史　下」　２０１５年

※5　沖縄県公式ホームページ「沖縄県の産業別割合は？」　２０１９年

※6　独立行政法人労働政策研究・研修機構

※7　第１４５回国税庁統計年報　令和元年度版

※8　沖縄県公式ホームページ「沖縄県の賃金、労働時間、雇用の動き」　２０１９年

※9　モバイル社会研究所「テレワーク実施率」　２０２３年

※10　Manegy「新社会人のテレワーク実施率は約8割」　２０２２年

第7章　起業

1　起業という選択肢

成功確率が高い

沖縄は起業がしやすい地域で、２０１９年の起業率が６・５％で全国1位となっています。廃業率も高水準で３・９％ですが、開業率から廃業率を引いた純増減率としては２・６％でやはり全国一位になります（※1）。

掛け算をしないこと

仕事探しもよいと思いますが、起業も選択肢の1つに入れてみてはどうでしょうか。

私が最初に会社を設立したのが32歳のときで、今年でちょうど10年になります。

昔から漠然と「起業したい」という想いはありましたが、本格的に考え始めた20歳頃からとすると、実際に自分が起業するまでには12年間かかったことになります。

【図表22　開業率・純増減率ランキング】

開業率ランキング

順位	都道府県	開業率	廃業率	純増減率（開業率－廃業率）
1位	沖縄	6.5%	3.9%	2.6%
2位	埼玉	5.2%	2.9%	2.3%
3位	千葉	5.2%	3.0%	2.2%
4位	愛知	5.1%	3.8%	1.3%
5位	福岡	5.1%	5.1%	0.0%

純増減率ランキング

順位	都道府県	開業率	廃業率	純増減率（開業率－廃業率）
1位	沖縄	6.5%	3.9%	2.6%
2位	埼玉	5.2%	2.9%	2.3%
3位	千葉	5.2%	3.0%	2.2%
4位	茨城	4.8%	2.9%	1.9%
5位	熊本	4.6%	2.8%	1.8%

そのため、起業の難しさは理解していますが、起業をしてみた今となっては起業のハードルの下げ方もよくわかっています。

その１つ目は「掛け算をしないこと」です。

私が過去に執筆した経営の本をお読みいただいた方から連絡をいただき、起業の相談に乗ることがあるのですが、世に存在しない「新しいアイデア」を事業にしようとする人が多くいるように感じます。

ただ、「新しいアイデア」と「初めての起業」の掛け算は難易度が高くなるため、起業自体をあきらめてしまうケースも多いです。

私が経営学修士を取得した大学院でも、世の中に存在しない「新しいアイデア」を実現することをすすめる講義が多かったのですが、「初めてやる起業」との心理的ハードルはすごく高かったと記憶しています。

それに起因するのか、当時大学院生の起業意欲は高いものの、実際の起業率は４％程度と世間一般の起業率とほぼ変わりがありませんでした。「新しい」と「初めて」を掛け算させたため、起業をあきらめた人が多かったように思います。

そこで、私の場合は考え方を変えて「世の中の既存事業」で「初めての起業」をすることにしたところ、１年とかからずに事業を始めることができました。

創業融資でリスクを最小限に

起業のハードルを下げる方法の2つ目は「リスクを最小限にすること」です。
新しく事業を始める場合は、政策金融公庫（沖縄では沖縄振興開発金融公庫）が無担保無保証の融資を出してくれたりもします。新設法人が創業用の融資として使うことができるというのはとても心強いものです。無担保無保証ですので、借入当事者は法人となり、代表である自分が連帯保証人になる必要もありません。

もちろん悪用してはいけませんが、極端な話、事業がうまく回らなければ法人を休眠・解散させてしまうと、債務者はいなくなってしまうという制度です。

このように世の中には起業にチャレンジして失敗しても、できるだけ再チャンスを得ることができる仕組みがあります。

シリコンバレーなどでは、実は初めての起業よりも1度失敗して2度目、3度目の起業を試みる人のほうが投資家からの資金が集まりやすい傾向にあるそうです。最初の事業がうまくいかずに失敗していたとしても、その分経験が溜まっていれば資金ショートに対する危機感を持っていたり、金策などについても現実的な手段を考えられるようになっていたりするため、投資家側としては海の物とも山の物ともつかない初心者マークの起業家に投資をするよりは経験値がある人に投資をしたいと考えるようです。

たとえ事業に失敗しても、何度も何度も挑戦ができるのであれば、その分の経験値が溜まります。

さらには経験を蓄積し、努力を続けていけばそのうち成功できるよう後押しをする仕組みが整っているのです。

一度竹やりで戦って負けたとしても、経験値によりその人の武器は次には刀になり、最後には大砲になっているかもしれません。

沖縄は起業がしやすいという地域性もありますし、自分のやりたい仕事を起業という形で実現してみるのもよいでしょう。

ストックビジネスを準備する

起業のハードルを下げる３つ目の方法は「ストックビジネスを準備すること」です。

特に現在お勤めの人であれば退職・移住をされる前に、ストックビジネスを準備しておくことをおすすめします。

ご存知の方も多いかと思いますが、事業で収益を上げる方法には大きく分けて「フロービジネス」と「ストックビジネス」の２つの種類があります。

「フロービジネス」とは、一般的に小売店、飲食店、美容室などのように、常に新しい取引によって収益を生み出すもの、つまり、自分の労働時間に比例して売上が立つビジネスのことを指します。

対する「ストックビジネス」は携帯電話の通信キャリアや電気ガス料金、不動産賃貸業などのように、都度都度の取引ではなく、ある程度長期間に渡る契約に基づいて収益が生まれるもので、実際の自分の労働時間に関わらず毎月一定の売上が立つビジネスのことを指します。

なお、たとえば個人事業主として美容室や飲食店を経営している方が、店長・従業員を雇って2店舗、3店舗と多店舗展開をしていく場合には、経営者からすると2店舗目以降は自身が労働をするわけではないという点から「ストックビジネス」と言えます。

私の場合は、起業する会社に本腰を入れるために、「安定収入」をストックビジネスでつくり出せるようにならなければいけないと考え、比較的簡単に始められる収益不動産投資に集中して事業規模を拡大していきました。

このお話をすると、「ストックビジネスはフロービジネスよりも優れているのか」と聞こえてしまうかもしれませんが、私は「ストックビジネス至上主義者」なわけではなく、実際に複数ある事業の中ではフロービジネスも多く行っています。

リーマンショックやコロナ禍など、予測不能な経済の急な変動に対応していくためにも、ポートフォリオとして「ストックビジネス」と「フロービジネス」をバランスよく持つことが大切です。

会社勤めをされている人であれば、現在の信用力を使って不動産投資をされてみるのもよいかもしれません。ストックビジネスからの収入があると、心に余裕をもって起業ができることと思います。

ご興味のある方は、前著「不動産投資を事業経営に変える!! 資産形成術」も参考にしていただけると幸いです。

金の卵を産むガチョウ

ストックビジネスをわかりやすく説明する例として、イソップ寓話で有名な金の卵を産むガチョウの話をよく使います。

ご存知の方も多いかと思いますが、物語はこうです。

「昔あるところにガチョウを飼っている貧しい農夫がいました。ある朝、いつものように卵を取りにガチョウの元へ行ったところ、巣の中で見つけたのはいつもの卵ではなく純金でできた金の卵でした。

男はすぐさま市場に卵を持っていき、卵を売ることでお金を手にし、新しい農具を買いました。次の日もガチョウの元へ行くと、巣の中にはまた純金でできた金の卵がありました。男はそれをまた市場に持っていき、今度はお酒やきれいな服を買いました。

その後もガチョウは毎日美しくキラキラ輝く金の卵を産んだので、男は装飾品を買ったり、新しい家に住んだりとどんどんと豊かになり始めました。

しかし、ほどなくして男は１日にたった１つの卵しか産まないガチョウに腹を立て始めます。そして、腹の中には金の塊があるに違いない、それを取り出そうと考え、ガチョウを真っ二つに切り割ってしまったのです。

もちろん金の塊など出てきません。ガチョウは死んでしまい、男はすぐにお金がなくなって、また貧乏になってしまいました」

【図表 23　金の卵を産むガチョウを育てる】

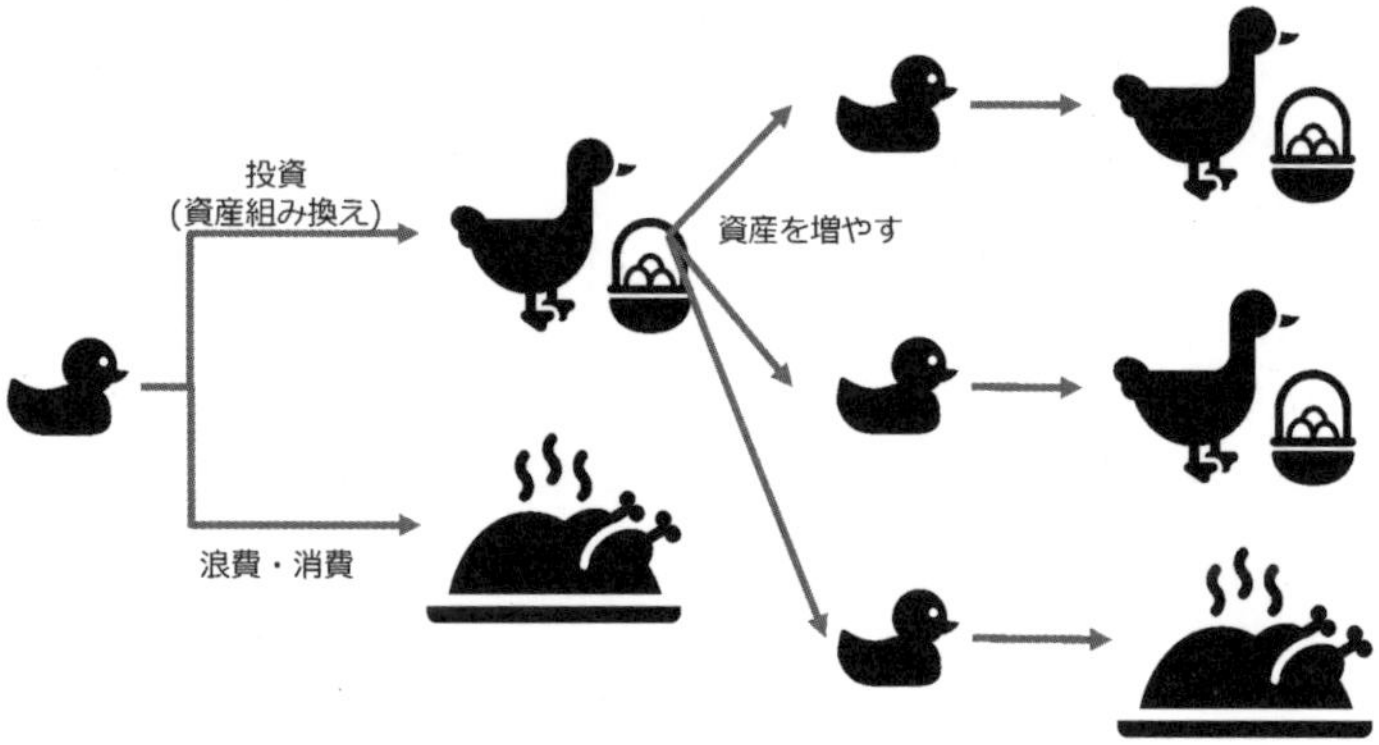

この話は「目先の短期的な利益だけを求めてしまうと、長期的な利益を得られなくなる」という教訓を与えてくれています。

言い換えると「一度に大きな利益を得ようと強欲になりすぎず、利益を生み出す資源を大事に育てれば、長期的に大きな利益を得ることができる」という話とも言えます。そこで、イソップ寓話の「ガチョウ」を先ほどの「ストックビジネス」と読み替えてみましょう。

不動産投資などのストックビジネスで得た「利益」は将来金の卵を産むガチョウに育つヒナたちです。そのヒナたちを日常の消費などにすべて費やしてしまうとどうなるでしょうか。ヒナたちは消えてしまいます。

しかし、ヒナたちをすべて日常の消費に使うのではなく、30％でも40％でもよいので一部のヒナ（利益）を残しておき、その利益を新しいストックビジネスや新しいビジネス投資などに組み替えていったとしたらどうなるでしょうか。

30％、40％のヒナたちは金の卵を産めるガチョウに育ちます。そうして育ったガチョウから新たに産まれた金の卵からまたヒナが孵り、これを繰り返していくと、どんどん新しい資産が増えていきます。

「心に余裕をもって起業」するために使ったり、資産を増やすために使ったり、様々な使い方ができますが、まずは最初のガチョウをつくってみるとよいでしょう。

よい借金と悪い借金

借金には「よい借金」と「悪い借金」があります。

世間一般的には「借金は悪」、「できるだけ借金はつくらないほうがよい」という考えが大半を占めているかと思いますが、その考えにとらわれていると、金の卵を生むガチョウをつくることは難しくなります。

そこで、起業を考える場合には「借金」に対するメンタルブロックを外してもらいたいと思います。

わかりやすくいうと、「よい借金」とは、収益不動産の購入や起業時の資金繰りなどのような将来に金銭的リターンを得られる借金のことで、「悪い借金」とは、マイホームやマイカー購入のローンや、浪費のためのキャッシングのように将来に金銭的リターンを得られない借金のことです。

「自宅は金融機関から融資を受ける際に担保ともなる立派な資産なのに、なぜ悪い借金なんだ！」と思われるかもしれません。

【図表 24　よい借金と悪い借金】

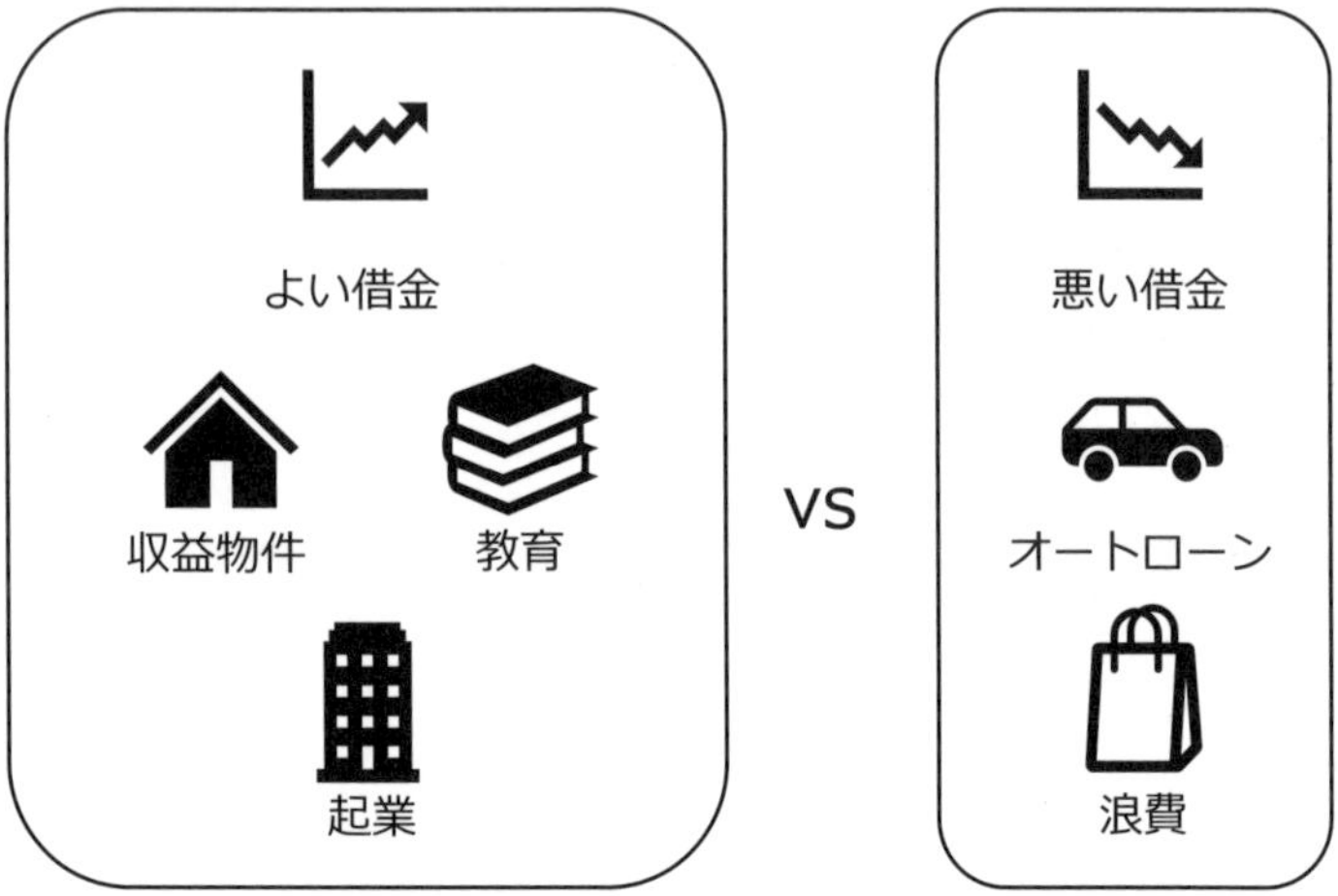

しかし、ここでご注意いただきたいのは、借金で得たモノが「資産になる・ならない」ではなく「金銭的リターンを得られる・得られない」でよし悪しを判断している点だということです。

「よい借金」をもっと理解していただくために、収益不動産を購入する際の借金を例にご説明します。

収益不動産を購入する際に金融機関から融資を受けた場合、一般的には入居者から支払われる家賃で借金の返済を行います。そして、通常は返済額を差し引いて余った家賃がキャッシュフローというリターンとして手元に残ります。このようにリターンを得られる借金のことを「よい借金」と呼んでいます。

これに対し、自宅や自家用車のための借入は固定資産として自分の資産にはなるものの、金銭的なリターンを得られるものではなく、さらに返済するのは自分です。その点から「悪い借金」と呼びます。

なんとなく社会通念的に「借金は悪いもの」「極力避けたほうがよいもの」と思ってきた方が多いかと思うのですが、「よい借金」をしないことは実は大きな機会損失になっているのかもしれません。収益不動産の場合は自分自身が身銭を切って返済をしなくても、賃貸物件の借主が借金を返済してくれて、しかもリターンまで与えてくれます。

もし「借金」に対するメンタルブロックがあるようでしたら、これを機会にぜひ一度考えてみてください。今まで持っていた固定観念を捨てて「借金」とは何かを正しく理解すれば、自ずと選択肢は増え、安定収入が入るようになれば起業や移住などへのハードルも下がってきます。

よい借金をすると金の卵を産むガチョウを手に入れられる!?

ここで、１つ『よい借金』の一例をご紹介します。

収益不動産を購入する場合、現金で購入をされる方は少なく、大半の方は金融機関から融資を受けることになるかと思います。

たとえば日本政策金融公庫から１０００万円を10年間、２%の利率で借り入れた場合、月々の返済は約９・２万円となります。この１０００万円で家賃収入が10万円の中古の収益物件を購入すると、自分の代わりに借主が家賃という形で月々の借金返済をしてくれます。しかも、返済が完了する10年後には収益物件は自分の純粋な資産となり、さらに11年目以降には10万円の家賃は丸々収入となります（この計算はイメージしやすいように、諸経費や空室率などを割愛して、わかりやすい数字にしています）。

つまり、「借金をするだけで自分のお金は使っていないのに、新しい収入源をつくることができた」ということです。

不思議ではありませんか？　でもこれが『金の卵を産むガチョウ』をつくるということであり、このような借金がリターンを得られる『よい借金』なのです。

起業するというのは、その事業がうまくいくかどうか、いつから黒字にできるかなど先が不透明な部分もありますので、移住後の未知の生活の中で取りかかるのは大変かもしれません。

しかし、不動産投資、特に現在賃貸中の物件を購入するオーナーチェンジならば大体の収入の予測ができますので、物件の目利きさえできればリスクを最小限に抑えて、すぐに収益を生める新規事業を始めていただけることと思います。

そのため、移住前に「よい借金」をして不動産投資を始めて、ストックビジネスによるある程度の安定収入を得ておくことはおすすめです。

判断プロセスを正確にしよう

「よい借金」「悪い借金」に限らないのですが、多くの人が「判断」をする「プロセス」を正確に行えていないのではないかと感じることがあります。

「判断」の精度を上げるためには、経験で得てきた知識量がものをいうのももちろんですが、情報などを多く集めてから最終的に「判断」を下すことが「正しいプロセス」だと私は考えています。

こと借金に関してはこの「プロセス」をちゃんと踏まずに判断をしている人が多くいるように思います。まずは、借金を「よい借金」と「悪い借金」に分けて考えられること、そして、借金をしたときのリスクの最大値を理解することが判断を下すにあたっての「プロセス」として重要です。

「よい借金」と「悪い借金」については前述の通りですので、次に「リスクの最大値」について説明をしたいと思います。

借金をしたときの最大のリスクはご想像の通り、返済ができなくなり「自己破産」することです。ここまでを理解している人は多くいますが、では「自己破産をしたらどうなるのか」まで理解されている人は少ないように感じます。

もし「自己破産をしたらどうなるのか」をきちんと理解しないままで借金をする・しないの判断を下しているとしたら、それは「プロセス」を正確に行っていないということになります。

自己破産とは、ご存知の通り経済的に立ち行かなくなった人が、裁判所に申し立てを行って財産を清算することを指します。申し立て後に裁判所から免責許可決定が得られれば、借金をゼロにし、返済する義務を免れることができます。

もちろん手元にある財産はすべて清算されてしまうため、手元に数千万円や数億円ある人が自己破産をすることは大きな損害になりますが、巨額の資産を持たれていない方の場合の損害は限定的です。

なお、自己破産原因となる借金がギャンブルや浪費である場合には、裁判所から免責許可が得られないこともあります。

自己破産によるデメリットには次のようなものがあります。

・ブラックリストに載り、借入やクレジットカード作成などが以後約5~10年間できなくなる
・住所氏名が「官報」という国が発行する機関誌に掲載される
・免責決定を受けるまでの約2~4か月ほどは士業などの資格が必要な職種は制限される

いくつか細かな点は省きましたが、「借金」についての判断をするプロセスのためにはここまで理解できていれば十分だと思います。

もちろん自己破産をしないに越したことはありませんが、借金については「よい借金」「悪い借金」に分解して考え、「借金をしたときの最大のリスク（=自己破産した場合のデメリット）」を理解し、そのうえでその借金により得られる効果（資産形成や夢に向けた起業）を加味して「判断」をすることが大切です。

資産形成により得られる効果が大きい中で、「判断のプロセス」をしっかりしないで「判断」を下していては、それは単なる機会損失になってしまうのかもしれません。

誤解のないように改めて強調させていただきますが、自己破産して借金を清算することはよいこ

とは言えません。

しかし、起業して事業運営をして経済を回そうと思った結果、どうしても借金で首が回らなくなった場合に社会が用意した最後の救済策が「自己破産」であるということも忘れないでください。

2　ビジネススタート

法人がいいのか個人事業主がいいのか

「移住後に起業をしよう！」となった場合、次に考えるのは「法人」をつくるか「個人事業主」として始めるかということかと思うので、前著「個人事業主と法人を上手に活かした効率経営」の冒頭文書を抜粋します。

「私自身、個人事業主と会社経営を兼業して7年目になるわけですが、この2つの仕組みを知れば知るほど「個人事業主」と「会社経営」は合わせることで、初めて最大限の効率を発揮するのだとわかりました。

そして、創業セミナーや税理士、ひいては日本政府までもがいかに網羅性に欠けるアドバイスをしているのかを身をもって知ることにもなりました。

まず、アベノミクスの第3の矢では「中小企業・小規模事業者の生産性向上」というものが含まれており、「経営力向上に係る取組の支援」として税制面からの支援も取り組むとしています。

しかし、個人事業主が税制面や年金の面で酷遇を受けているのが実態です。

個人事業主の老後必要資金や基礎年金受給額の問題などは切実であり、自助努力はするものの自営業をしているがゆえに、仕組みのうえで将来が不安定になってしまっています。

創業時に専門家にアドバイスを受けるべく、創業セミナーや税理士に相談に行かれたかと思いますが、多くの方が「利益の規模がある程度大きくなるまでは個人事業主がよい」とすすめられたかと思います。

しかし、それは税金という1つの側面から見ると正しいことなのですが、個人事業主が抱える課題全体で見ると誤りであることに気づいていません。

本書は「個人事業主」兼「会社経営」をしている私自身が、「個人事業主だけ」でも「会社経営だけ」でもなく、その2つを組み合わせることで最大限の効率を発揮する「効率経営」をどのように実現しているのかを書いた本です。

繰り返しになりますが、現在の日本社会の仕組みは個人事業主や零細企業に非常に厳しい仕組みとなっています。

本書は節税に対する極端な例も記載していますが、将来の老後必要資金や基礎年金受給額の問題があるから事業の成長投資にお金を使えず、大企業に比べて競争力が失われてしまっているのでは、個人事業主はジリ貧状態です。

実際に政府の発表では、生産性の高い稼げる中小企業は「ＩＴ投資、設備投資、賃金水準を高める」といった成長投資に積極的に取り組んでいるという調査結果が出ています。

税金を納めるのは日本で事業を運営する者としての義務ですが、節税したお金を事業の成長投資に使えば自社は競争力が増しますし、それにより経済は回っていきます。

本書が「個人事業主の方」、「会社経営の方」、「今から起業を考えている方」、いずれの方にも自分の手の中に経済を掌握する一助となれば幸いです」

皆様へのご挨拶はこのように始まりました。

挨拶のとおり、「個人事業主だけ」でも「会社経営だけ」でもなく、その2つを組み合わせることで最大限の効率を発揮することができます。

実際に個人事業主か法人かをこの章で説明するには収まりきれませんので、事業を始める準備に入った際には前著「個人事業主と法人を上手に活かした効率経営」をご参考にしていただけると幸いです。

ビジネスを始めたら

第5章で触れたように、沖縄ではジニ係数（高くなるほど貧富の差があることを示す）が全国一高く、全国一の低所得であるけれど所得1000万円以上の人の割合は全国9位に位置しているというといびつな社会構造があります。

これは、端的に言うと、お金が経営陣や資産家に集中して、世間一般に分配されていないことを

【図表25　営業利益率】

意味しています。

実際に沖縄に移住してきて思いますが、物価は首都圏とほぼ変わりません。人口密度も那覇市は東京都と同じくらいの人口密度なので、商圏としてはいい地域だと言えます。

ざっくりとした考え方ではありますが、売上高（物価×購買数）は首都圏と同じで賃金が安いので、おのずと営業利益が出やすい構造にあることがわかります。

もちろん、仕入の輸送コストがかかるものもあるため、一概に営業利益に直結するかどうかは別です。ただ、たとえばスマホなどの海外で生産したものを日本で販売している会社が、東京や地方で販売するのも沖縄で販売するのも、仕入コストにさほどの差があるようには思えません。

しかし、前述のとおり賃金が低いため、営業利益が出やすいことは想像に難くないと思います。

一例ですが、沖縄の某小売業企業の過去5年の平均営業利益率は5・7％でしたが、国内小売業最大手企業は2・2％と2・5倍以上の差があります（※2）。

このことから沖縄の起業成功率は、日本全体と比べると高くなるといえるかもしれません。ですが、私がもしビジネスを始めたら、こう考えたいとも思っています。菅義偉元首相のブレーンであったデイビット・アトキンソン氏が次のような発言をされていました。

「最低賃金を上げるというのは経営者としての「筋トレ」に近い。それだけの賃金を払ってでも儲けるようなビジネスモデルを考えるだけである」（※3）。

要は、経営者は労働者から搾取するのではなく、賃金を上げてぎりぎりの負荷をかけた「筋トレ」を行って強い企業に成長させることがよいという発言でした。

私もこの考え方は好きで、実際に取り入れていきたいと常に努力しています。

事業を始めたばかりの頃は、賃金を上げるより前に事業を死守することがもちろん大事です。ですが、もし起業をする機会があれば、このような「筋トレ」という考え方も1つの参考にしていただけると幸いです。

箱庭遊び

私は2023年4月に沖縄市中の町（沖縄市の繁華街）で飲食店をオープンしました。もともとしっとり1人でお酒を飲んで1〜2曲を歌って帰るのが好きだったので、よい仲間に恵まれて自分のお店をオープンすることになりました。オープンして1年と経っていませんが、次は沖縄そば屋さんを、その次にはパーラーを始めたいと考えています。

沖縄のパーラーというのは少し独特なもので、「簡易店舗」を意味するものだそうです。パーラーは軽食やてんぷらを販売したり、ぜんざい（かき氷スイーツ）やドリンクメニューなどを置いていたりと、沖縄の人にとっての「郷愁（ノスタルジー）」のある場所です。

沖縄出身ではない私ですが、沖縄の郷愁・文化に触れていくためにもこれらのお店をつくってみたいと思っています。

私たち家族はコロナ禍の緊急事態宣言中に引っ越してきたので、最初の1年はまったく人と会う機会がありませんでした。当時は娘も小さく家族との時間をゆっくりと過ごしたいと思っていたのでそれでも不満はありませんでした。

ただ、その生活を続けていると沖縄と私たちの間にある距離が埋まらないような気がして、考えを変えることにしました。沖縄でいくつか事業を始めてみれば、もっともっと沖縄を理解し、楽しむことができるのではないかと思い始めたのです。

初めての飲食店だったのでいろいろと学ぶことも多く、毎日家とお店を往復して店舗準備に勤しんだり、お店の関係で新たな交友関係ができたりと準備も楽しく進めることができました。

20名ほどが座れる小さな店舗ですが、オープン初日は50名近い方々が祝ってくれて、無事にオープンを迎えることができました。

１００％順風満帆であったとは言い切れませんが、よい仲間ができ、よいお客さんが遊びにきてくれるお店になってきたので、新たな事業を始めてみてよかったと満足しています。

喜怒哀楽の総量

立命館アジア太平洋大学学長の出口治明氏の「人生の豊かさは喜怒哀楽の総量で決まる」という言葉をご紹介します（※４）。

この言葉はもともとシェイクスピアの翻訳著者の小田島雄志氏の「私の履歴書」で語られた「人生の楽しみは、喜怒哀楽の総量である」という言葉ですが、両者の話は次のような内容です。

「人間はつい喜怒哀楽をプラス・マイナスで考えてしまいがちです。好きな異性に振られたらマイナス１００、新しい恋人ができたらプラス１００、だから両方合わせてプラマイゼロだ、というように。

しかし人生を楽しくしたいなら、そうではなく、人間の喜怒哀楽は絶対値でとらえるべきです。私たちは嬉しいことや楽しいことはたくさんあったほうがよく、つらいことや悲しいことは少ないほうがよいと思いがちです。でもよくよく考えてみれば、そんな人生は味気ないものではないでしょうか。

人生には「喜」「楽」はもちろん「怒」「哀」もあったほうがよい。喜んだり怒ったり、悲しんだり楽しんだりがたくさんあるほうがおもしろいし、人生は豊かになるはずです」

起業をすると会社勤めでは得られない喜怒哀楽をたくさん経験します。そして会社員よりも喜怒哀楽それぞれの振れ幅は大きいことのほうが多いでしょう。

努力を続けて成功したときの喜びはひとしおでしょう。しかし、うまくいかない期間は苛立ちや、夜も眠れないほどの心配事やストレスに苛まれることもあるかもしれません。

負の感情は経験したくないと思われるかもしれませんが、喜怒哀楽の「怒」も「哀」も人生を豊かにするものです。

ぜひ、喜怒哀楽の総量を増やすことを楽しみながら起業をしてみてはどうでしょうか。

実際の起業にたどりつかなかったとしても、どうやって起業しようかと考えてみるだけでも喜怒哀楽は感じられるかもしれません。

【参考文献・資料】

※1　中小企業庁「2019年度の小規模事業者の動向」
※2　イオン・サンエー決算書　2019〜2023年
※3　NewsBAR 橋下　2022年7月23日
※4　出口治明「還暦からの底力　歴史・人・旅に学ぶ生き方」　2020年

第8章　次に

1　資産の防衛策

資産は年率平均４％目減り

過去20年間（２０００〜２０１９年）の世界の物価上昇（インフレ）率を見てみます（※１）。

【図表 26　過去 20 年の物価上昇率】

No.	国名	物価上昇率
1	アメリカ	54%
2	中国	55%
3	日本	2%
4	ドイツ	35%
5	イギリス	50%
6	インド	234%
7	フランス	37%
8	イタリア	43%
9	ブラジル	241%
10	カナダ	46%
-	TOP10平均 (日本を除く)	88%
-	世界全体	114%

図表26にもあるように、アメリカ54％、中国55％に対して、日本はたった2％です。さらに日本を除いたＧＤＰの上位10か国の平均が88％、世界全体が１１４％という数字と比べてみると、日本の２％というのが異常に低く、長期デフレに落ち込んでいたことがわかります。

世界から見ると日本は半額バーゲン中で、毎年日本円の価値は対外通貨に対して4％目減りしていている状況です。

円が強かった昔は、海外旅行にいくと一時的に少しだけリッチな気分になれたりしましたが、今はアメリカの田舎のダイナーで一般的な朝食をとるのにも1人あたりチップ込みで20ドルは当たり前になってきています。コロナ前の1ドル１１０円換算で考えても２２００円の支払いになります。２０２３年には一時1ドル１５０円超えになったことを考えると、なんと朝食に３０００円かかるということになります。

このことを鑑みると、世界の物価上昇（インフレ）率以上に給料・事業・貯蓄・投資などの規模を拡大していかないと、いずれにしても資産などは対外的に目減りしてしまうということになります。

たとえば、給与や事業でいうと、手取り額や純利益が毎年4％成長したとしても、対外的に見ると成長率ゼロ％ということになります。

ただ、それだからといって国内の事業ではなく海外の事業をしてみようと思う人も少ないと思います。私自身もノウハウがないので、そこまでのリスクを負うことができません。

【図表27　資産の目減り防衛策】

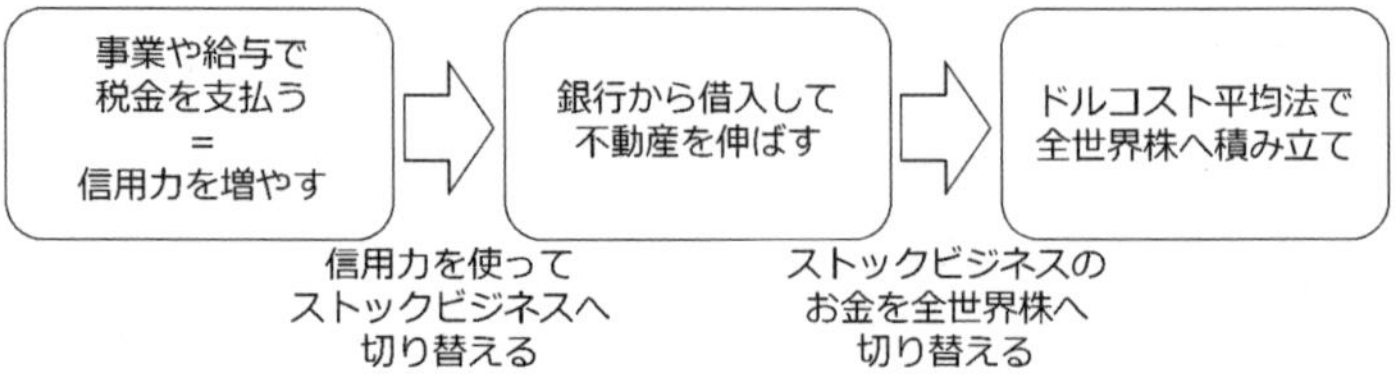
事業や給与で
税金を支払う
=
信用力を増やす
銀行から借入して
不動産を伸ばす
ドルコスト平均法で
全世界株へ積み立て
信用力を使って
ストックビジネスへ
切り替える
ストックビジネスの
お金を全世界株へ
切り替える

そんな場合は、次のような仕組みを使うとどうでしょうか。

3つのステップ

事業や給与で利益や所得があると税金を支払う必要がでてきます。税金対策などをしてなるべく税金は支払いたくないところですが、税金を支払うと金融機関から見た信用力が増えます。

次にその信用力を使って金融機関から借入をして不動産などのストックビジネスを伸ばします。

キリのいい数字で例えると、銀行から１２００万円の借入をして不動産を購入します。不動産からの家賃収入が年間に１２０万円、返済額が50万円、その他運営に関するコストを10万円だとすると、手元に残るお金は60万円になります。

次に60万円のお金を使って、ドルコスト平均法で全世界株へ積み立てを開始します。全世界株に積み立てをすることで、自分では難しかった海外事業への投資を行うというわけです。

ドルコスト平均法というのは一定額を定期的に積み立てていく投資手法のことです。ここでは不動産から手元に残ったお金である60万円を使うの

【図表28　世界の人口とGDP】

	1985年	2005年	2050年
世界の人口	４８億人	６６億人	９６億人
世界のGDP	１３兆ドル	４７兆ドル	２５０兆ドル

で、毎月5万円を積み立てることができます。

統計学の中で将来人口推計は比較的出しやすいものの1つです。人口は２０２２年で80億人を突破し、２０５０年に96億人を突破するとされています（※２）。

世界の人口が伸びる＝世界のＧＤＰが伸びる＝全世界株は伸びる、ということは容易に予測ができます（※３）。

ただし、株自体は世界情勢などによって上がり下がりをしますので、60万円を手にしたらその月に60万円をすべて投資してしまうとすると、翌月にもし大暴落が起こった場合に大損失となるリスクがあります。

そのため一定額を定期的に積み立てるドルコスト平均法による積み立てを行うことで、高値で株式を購入してしまうリスクを防ぐのです。長期的に見て世界のＧＤＰと同様に世界株は伸びていくので、このようにドルコスト平均法でやけどしない投資手法をしていくのがよいでしょう。

そして、なぜ間に不動産投資を入れたかというと、不動産投資を間に入れることによって、「銀行からお金を借りて株式投資ができる」というメリットがあるからです。

一般的に銀行は株式投資の原資を融資することはないのですが、このやり方を採用すると実質的に銀行から株式投資の原資の融資を受けられたことになります。

この仕組みを使うと、事業で支払わなければいけない税金も、「信用力を購入した」ととらえることで前向きになれますし、ついでに事業規模を拡大し、さらについでに海外事業投資をして資産の目減りの防衛ができるのです。

2 時間を味方につけて現金投資

こつこつ現金投資

また、次のような方法はどうでしょうか。

先ほどの1200万円の物件と同様の物件を銀行から借入をして5年間毎年購入したとします。

1200万円は銀行から借入なので、不動産からの家賃収入が年間に120万円、返済額が50万円、その他運

【図表29 GDPに連動して右肩上がりに伸びる株価】

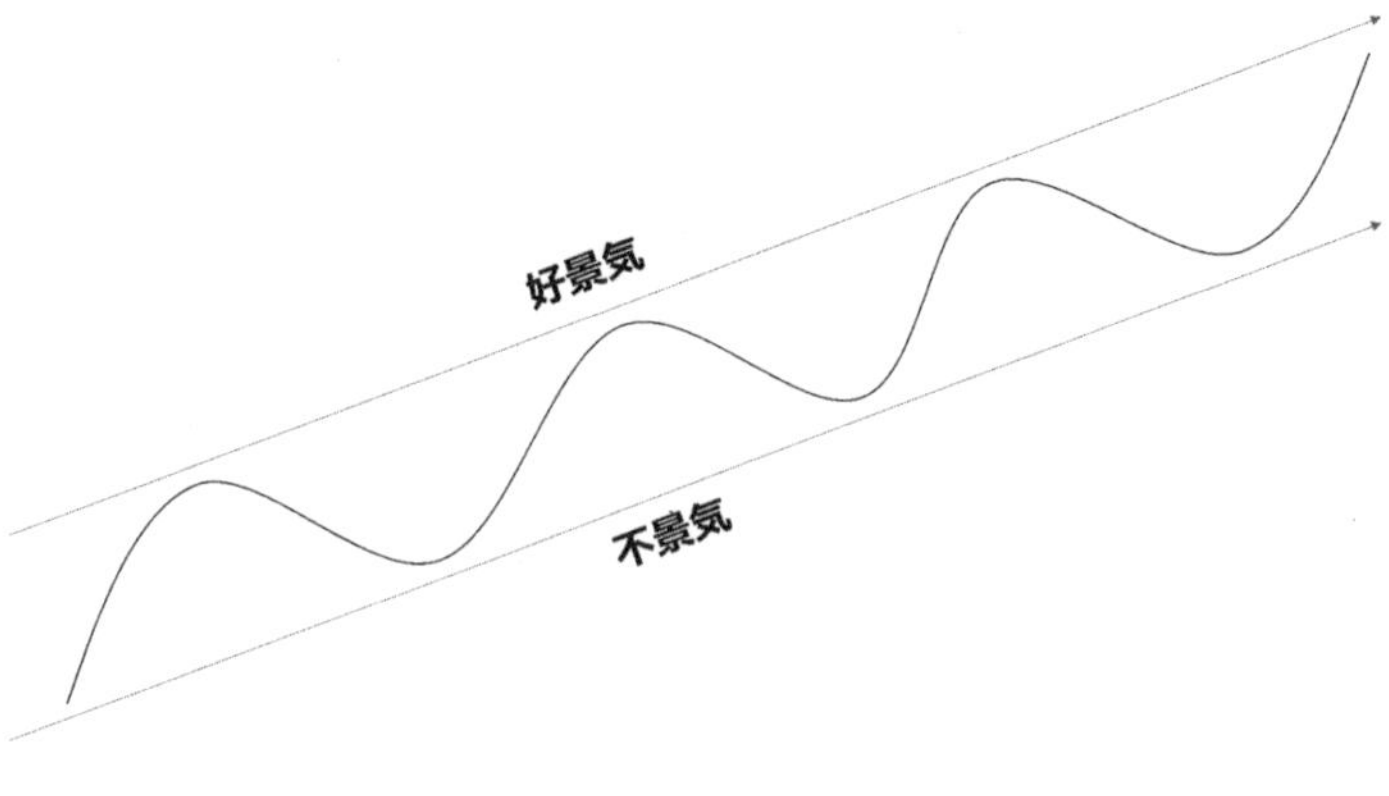

【図表30　CFの推移】

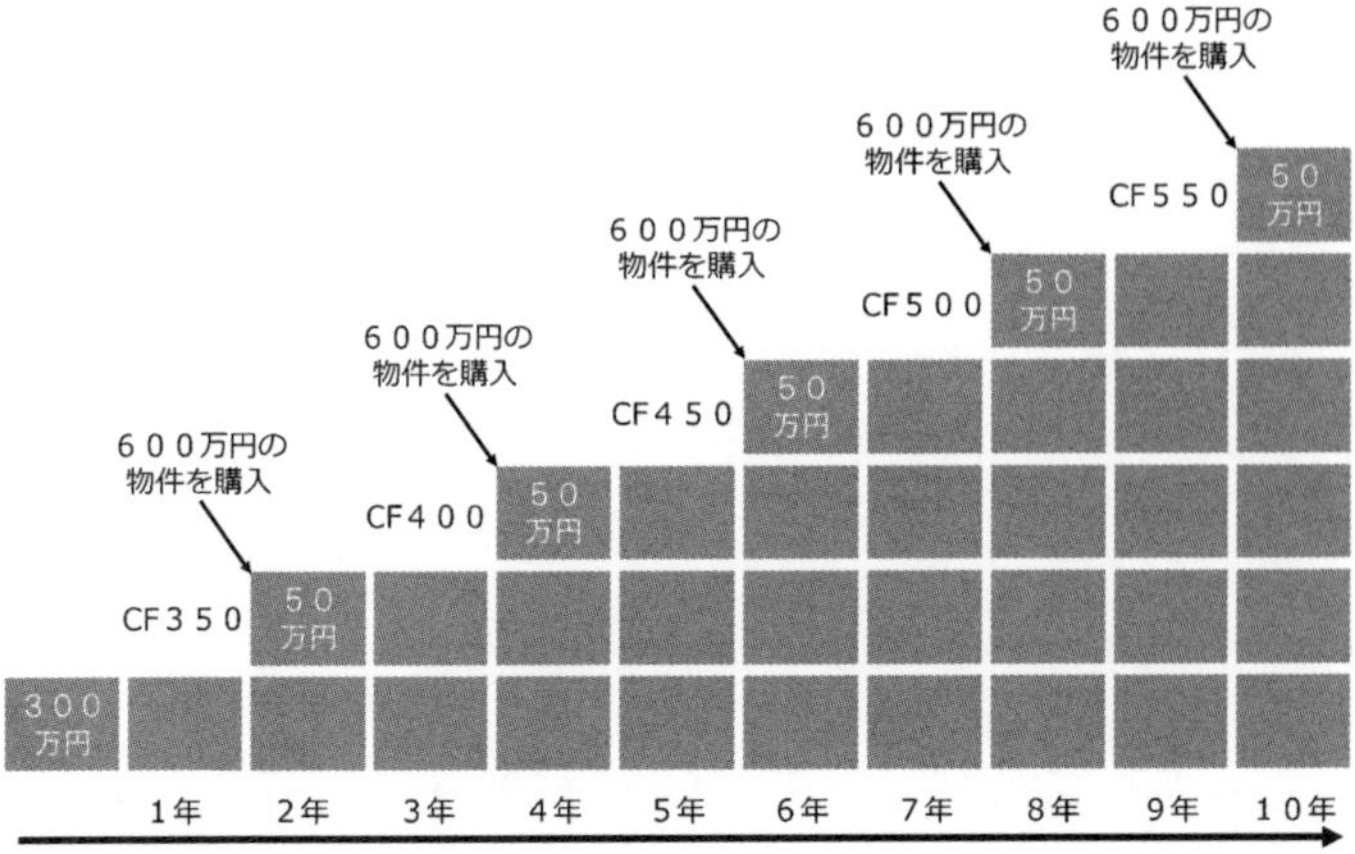

営に関するコストを10万円だとすると手元に残るお金は60万円になります。

全部で５つの不動産が増えているので、その時点で年間に手元に残るお金（キャッシュフロー、以下ＣＦ）が60万円×５件＝３００万円になります。それを２年貯めておけば６００万円になるので、次には６００万円の戸建て不動産を現金で購入することができます。

６００万円の物件は先ほどまでの１２００万円の物件の半分規模なので、単純計算して家賃収入が年間に60万円、返済額がゼロ、その他運営に関するコストを10万円だとすると手元に残るお金が50万円です。

６００万円の物件を２年おきに１つ増やしていくと、10年もあれば５つの戸建てを現金で購入することができます。この時点で１２００万円の物件×５件、６００万円の物件×５件で、ＣＦは最初の

300万円に加えて、50万円×5＝250万円なので、年間550万円のCFができたことになります。この時点で家賃収入だけでも十分な収入になっています。

自分の事業をさらに成長させるための投資にも使えたり、子どもの学費や仕送りなどにあてることができたりと、心強い収入源になると思います。

3ステップで全世界株へ切り替えていくほかにも、こつこつと現金で戸建てを購入していくなど、様々な選択肢の中から自分にあった備えをつくってみてください。

3 影響力

雑音を消す

実は、沖縄に引っ越してきてから、いくつかやめたことがあります。

たとえば、次の3つです。

●ニュースを見る
●自己啓発や経済・経営関連の本を読む
●SNS

もともと経済学や経営学は好きなほうでしたので、ニュースや関連本を読むことは好きでした。

また、友人と関連する話をしたりするのも好きでしたが、ふと思うことがあり、仕事で必要な情報収集はするものの、一般的な経済・経営ニュース、書籍などは見ることと読むことを意図的にやめました。

また、娘が生まれて、仕事にばかり取り組むのではなく家族との時間を大事にしたいと心から思うようになり、いくつかの会社を売却し、残った会社も事業規模を半分に縮小させて沖縄に移住してきました。

売上は半分になりましたが、ご紹介した方法で自分が働かずともＣＦが入ってくる仕組みをつくっていたため生活には困りませんし、時間ができて心にゆとりもできたこともあり、幸せは２倍に増えたように感じています。

人生には勉強や運動を頑張る時期、がむしゃらに働く時期、そして家族と大切な時間を過ごす時期など、いろいろなターニングポイントがあります。ただその時期その時期を集中して過ごしていると転機がいつなのか自分では気づかないことも多いです。

そんな中、本書を手にしていただいたということは、「今」が転機と言えるのかもしれません。一度立ち止まって、今後の人生について、会社勤め、起業、家族との生活、そして、どこで生活したいかを本気で考えてみることは決して悪いことではありません。

私も一度立ち止まったことで、雑音を消して生きることがこんなにも素晴らしいのかと気づけましたし、自分の人生において幸せとは何かを本気で考え、今では家族、仲間や友人との時間を一番大事にするようにしています。

目の前の人

私は年間にいくら寄付を使うかという予算を決めています。

事業をしているとどうしても、余剰資金を寄付する、または、余剰資金を投資に回して規模をもっと拡大させてから寄付をする、と考えがちになります。

ただ、先ほどの筋トレの話ではないですが、先に「出す（予算とする）」ことで残った資金だけで事業を拡大させていく努力をすることができます。

そのため、年間にいくら寄付に使うかの予算を決めるようにしています。また、寄付する先は沖縄県や沖縄市の児童養護施設やこども食堂などが対象です。

ノーベル平和賞のマザー・テレサ氏の日本講演の質疑応答にこのようなものがありました。

〈聴講者からの質問〉

「とても感動しまして、寄付をしたいと考えています。あなたの団体のどこに寄付をするのが一番よいですか?」

〈マザー・テレサの回答〉

「あなたの周りに1人でも不幸せな人間はいませんか?　まったく想像もつかない地域の人に寄付をするのではなく、目の前の人に手を差し伸べてみてはどうでしょう」

それが唯一無二の正解かと言われると違うかもしれませんが、私自身はこの考え方にすごく感銘を受けました。

それから自分の行動原則として「目の前の人（想像がつく人）」に目を向けるようにすることにしました。

私が寄付している児童養護施設の園長に話を伺ったところ、行政の支援もあり資金は潤沢にあるそうですが、卒園後の支援が弱い点が問題だとのことでした。そのため、私が寄付しているお金は「卒園後の独り立ちするときの支援金」として使ってもらっています。

児童養護施設からは年に一度の手紙が届くのですが、「卒園となり今年から一人暮らしを始めました。支援金を家具や家電の購入に充てさせてもらって、すごく快適な生活を始めることができました。ありがとうございます」と書いてあったりするので、寄付が独り立ちの役に立っていると実感できて嬉しくなります。

こつんと返ってくる

「損して得取れ」という言葉があります。「一時的に損をするかもしれないが、将来の大きな利益になる」という商売用語で使われる言葉です。

ある日、10年以上ぶりにあった小学校時代の友人と会って、お互いの仕事の話や近況の話をしていました。その友人は某建築資材メーカーに勤めていているようで、部長職についていました。雑談の中では「寄付」の話にもなりました。

その後、不動産を新築でつくろうとしている話をしたときに、「発注している建築会社を教えてほしい」と言われたので、「そんなに有名なところではない」と話を濁しましたが、すぐに「やっぱり建築会社を教えてほしい」と言われて、「○○という会社」であると返しました。

すると、その発注先が友人の取引先だったそうで、「自分の裁量の範囲で、そちらの建築会社に卸している資材を値引きしたい」と提案してくれました。最終的に建設中の不動産の建築費は大幅に値下げしてもらうことになりました。

「損して得取れ」という言葉の中で、私は2つの返り方があるのだなと感じています。

1つ目は将来的に本人から返ってくること、2つ目はまったく関係のないところから返ってくることです。

今回の事例は私が児童養護施設へ寄付している話を真摯に聞いてくれて、接点のあまりなかった昔の友人がこつんと返してきてくれた、というものです。

「損して得取れ」と返ってくることを前提にすべきではないかもしれませんが、寄付やよい行動原則のもとに動いていると心が落ち着いたり表情がよくなったりするように思うので、その時点ですでに得を取っているのかもしれません。

自身の事業規模や年収が伸び始めたら予算を組んで寄付に回してみようと考えてみるのもよいのではないでしょうか。

そのときには、あなたの目の前に手を差し伸べるべき相手として、誰がいるのかを想像してみてください。

4　目の前のできること

中の町こども食堂

私が地元横浜を離れ、沖縄県沖縄市に移住してからそろそろ4年目を迎えます。

私自身、前述した寄付など、こどもに対しての支援をしたいと思っているのですが、そのような話をお店の仲間たちと話をしていくうちに「こども食堂」をやろうとみんなが言ってくれました。

「貧困救済ですか？」「地域の活性化ですか？」と聞かれることがあるのですが、目的はあまり考えないようにしています。

『「なんとなく』こども食堂をやりたい」と思って、２０２３年が終わる前にはじめようと実行に移しました。

場所はお店のある沖縄市の中心地である中の町です。

こどもは無料、こどもと親御さんが一緒のものを食べてもらえるようにとの思いから、同伴の親御さんからは１００円をいただいてカレーを出しています。

お店の常連さんが支援金を貯金箱に入れてくれることがあるので、そのお金を使ってオレンジジュースを出したり、イベントごとではお菓子やケーキを渡したりしています。

行政からの補助金などはいただいていませんが、愛がある活動を継続していきたいと思っていま

【図表 31　中の町こども食堂】

中の町　こども食堂
毎週日曜日　１１～１９時
こども無料、大人１００円
テイクアウト♪(店内でも)
未成年者と親御さん

沖縄市上地1-9-18 ぱてぃお
→Googleマップ

す。

そして、これからも目の前のできることをしてきたい、と思っています。

【参考文献・資料】

※1　GLOBAL NOTE
※2　新社会人のための経済コラム１５７回　日本生命
※3　井上はじめ「33歳で手取り22万円の僕が1億円を貯められた理由」２０２２年

おわりに

沖縄の魅力、歴史、基地、経済など、沖縄のことについて書いてきました。

沖縄に移住してからほどなくして「沖縄の本」を書こうと考え始めたものの、本書を出版するまでに約3年間がかかったことになります。縁もゆかりもなかった沖縄なので、本当に無知であったと振り返っては思いますが、今はこの3年間を通じて沖縄のことをよく知ることができたことがとても嬉しく、そして感慨深く感じています。

これから沖縄移住される方、沖縄移住を検討されている方にとって、私が知りえた知識が決断の後押しをすることになれば嬉しいです。

コロナ禍に移住してきたため、最初の1年間は新しく人と関係を築くような活動はほぼできませんでしたが、日常生活が戻ってくるにつれて人の往来も増え、元来人間好きな私も積極的に外に出ていくようになり、移住後3年目には沖縄市に飲食店を出すことになりました。

お店の常連さんの中には「ルー（大谷）さんに起業の相談がしたい」と来てくれる方もいらっしゃいますし、「今度一緒にこんな事業をしてみないか？」と誘ってくださる方もいらっしゃいます。

私自身も気さくな方なので、お店でお酒を飲みながら「わいわい」と起業の相談や雑談（ゆんたく）をしています。そんな中、実際に2024年中に始めようとしている事業も2～3でてきました。

身内意識が強い・人間関係が難しいと聞いていた沖縄ですが、自分のあり方次第で信頼のできる人間関係を構築していくことはできます。

もし沖縄移住の下見や話を聞いてみたいということがありましたら、沖縄市にある私のお店（ぱてぃお）にもぜひ遊びにいらしてください。

スタッフは沖縄出身の人たちばかりですし、場所柄なのかお客さんも毎日ほぼ全員がうちなーんちゅなので、沖縄の話を聞くこともできます。沖縄独特の言い回しや方言が行き交う中、私もお店でオリオンビールを飲んでいることもあります。

実際に移住をしたあとの生活・仕事・起業について人と話したり思いを膨らますと、目標に対してのモチベーションはあがります。

沖縄まで行くことはできないけど相談をしたいという方がもしいらっしゃいましたら、こちらに相談用のチケットをご用意していますのでご活用ください。

■沖縄移住相談【特典用】

https://www.timeticket.jp/items/149661

皆様が沖縄移住をしてこられることを、お待ちしております。

1人でも多くの人が沖縄を好きになって、沖縄に移住されることを願って。

ルー大谷（うちなーんちゅ1世）

著者略歴

ルー大谷（るーおおたに）

ユアビジョングループ　株式会社ユアビジョン 代表取締役
1981年生まれ。神奈川県横浜市出身。高校を卒業後、2006年にカナダ留学、2007年に富士ソフト株式会社に就職し、海外事業戦略担当。2012年に大学院に入学し経営学修士号を取得。その後、デル株式会社（ＤＥＬＬ）で日本の経営戦略担当。2014年より現職。
著書に「不動産投資を事業経営に変える!! 資産形成術（2018年）」、「個人事業主と法人を上手に活かした効率経営（2020年）」
本書へのご感想などは「seijiotani@grandcanyons.net」までご連絡お待ちしております。

ざっくりわかる沖縄移住と仕事と起業

2024年4月8日 初版発行

著　者　ルー大谷　© Ruotani

発行人　森　　忠順

発行所　株式会社 セルバ出版
〒113-0034
東京都文京区湯島1丁目12番6号 高関ビル5B
☎ 03（5812）1178　FAX 03（5812）1188
https://seluba.co.jp/

発　売　株式会社 三省堂書店／創英社
〒101-0051
東京都千代田区神田神保町1丁目1番地
☎ 03（3291）2295　FAX 03（3292）7687

印刷・製本　株式会社 丸井工文社

Printed in JAPAN
ISBN978-4-86367-882-8